I0117004

COMPTE-RENDU

DES TRAVAUX DE LA COMMISSION

DE LA

SOUSCRIPTION NATIONALE

EN FAVEUR

DES VEUVES, ORPHELINS ET BLESSÉS

De Juillet 1830,

Lu et approuvé à la Séance générale du 11 Juillet 1832.

A PARIS,

DE L'IMPRIMERIE DE CRAPELET,

RUE DE VAUGIRARD, Nº 9.

.NOVEMBRE 1832.

Lb⁵¹ 1458.

MEMBRES COMPOSANT LA COMMISSION

AU 30 JUIN 1832.

MM. LE PRÉFET de la Seine, *Président.*

François DELESSERT, *Vice-Président.*

Ier *Arrondissement.* MM. *A.-P.* REYMOND, pharmacien, administrateur du Bureau de Bienfaisance.

IIe *Arrondissement.* BERGER, maire.

IIIe *Arrondissement.* *François* DELESSERT, député de la Seine, et M. MORTIMER-TERNAUX, auditeur au conseil d'État.

IVe *Arrondissement.* *A.* VIGUIER, adjoint au maire.

Ve *Arrondissement.* VINCENT, avoué.

VIe *Arrondissement.* ROBILLARD, négociant.

VIIe *Arrondissement.* MOREAU, maire, en remplacement de M. *L.* MARCHAND.

VIIIe *Arrondissement.* GALLAND, négociant.

IXe *Arrondissement.* LESECQ, adjoint au maire, en remplacement de M. CROSNIER.

Xe *Arrondissement.* BESSAS-LAMÉGIE, adjoint au maire.

XIe *Arrondissement.* VILLENAVE, homme de lettres.

XIIe *Arrondissement.* BOISSEL, pharmacien, adjoint au maire.

XIIIe *Arrondissement.* TRUELLE, négociant.
   (SAINT-DENIS).

XIVe *Arrondissement.* PAYEN, négociant.
   (SCEAUX).

MM. EVARISTE-DUMOULIN, rédacteur du *Constitutionnel.*

LESOURD, ancien rédacteur des *Débats.*

DELABORDE, ancien président du conseil général du département.

COCHIN, secrétaire du conseil général du département.

GANNERON, ancien président du tribunal de commerce.

DE SCHONEN, colonel de la IXe Légion.

GILBERT DES VOISINS, colonel de la VIIe Légion.

Rapporteurs, MM. MORTIMER-TERNAUX et *A.-P.* REYMOND.

Les rues, les places publiques, hérissées de barricades, ne sont plus qu'un vaste champ de bataille, où, presque sans armes, un peuple héroïque dispute avec le courage seul son indépendance contre les efforts du despotisme et l'audace de l'oppression.

La victoire couronna glorieusement cette lutte de trois jours; mais que de victimes étaient étendues sur nos barricades, les unes froides et inanimées, les autres couvertes de sang et de blessures!

Paris avait triomphé; mais il avait une obligation impérieuse à remplir, c'était de pourvoir aux besoins de cette population mutilée, dont les membres criblés de balles attestaient le dévoue-ment; c'était de subvenir aux nécessités de cette multitude de veuves et d'orphelins, dont les larmes de deuil et les désolations domestiques se mêlaient à nos chants de victoire.

C'était là une dette sacrée, et la France, qui accueillit avec tant d'enthousiasme cette révolution si soudaine et si glorieuse, s'em-pressa d'y prendre sa part. Partout, dans les villes, dans les cam-pagnes, d'abondantes souscriptions témoignèrent de l'assentiment et de la gratitude généreuse du pays; l'étranger lui-même ne fut pas insensible à tant de grandeur et d'héroïsme, et ses offrandes vinrent s'ajouter aux millions dont la patrie avait doté ses enfans, et témoigner ainsi toute sa sympathie pour notre régénération politique.

La Commission chargée de répartir tous ces fonds, heureuse d'avoir mis fin à son œuvre difficile, et jalouse de l'approbation générale, vient, après deux années de travaux, rendre ses comptes et soumettre les résultats qu'elle a obtenus, à tous ceux qui ont pris part à cette œuvre nationale et patriotique.

La Commission des Récompenses nationales, instituée par les lois des 2 septembre et 13 décembre 1830, avait des palmes pour tous les dévouemens, des honneurs pour tous les courages, des adoucissemens pour toutes les infortunes; elle plaçait une étoile glorieuse sur la poitrine de ceux qui avaient survécu ; elle inscrivait sur les marbres du Panthéon les noms de ceux qui avaient succombé ; elle ouvrait la carrière des armes à une jeunesse courageuse ; elle adoptait au nom de la patrie les enfans des victimes.

La Commission de la Souscription nationale, née avec la révolution de juillet, avait pour mission d'appeler ceux que la générosité de la France avait voulu secourir, les blessés, les veuves, les orphelins, au partage du trésor dont elle venait de doter ses défenseurs.

Placée entre l'exigence de besoins impérieux et la nécessité d'une comptabilité irréprochable, entre les misères des familles et le contrôle des souscripteurs, sa tâche était laborieuse ; mais aussi ses efforts ont été consciencieux, et c'est avec empressement qu'elle appelle l'examen sur les actes d'une longue et difficile gestion.

A Paris, dès les premiers momens, chacun regarda comme sienne la dette de la patrie ; l'argent affluait aux mairies, aux bureaux des journaux ; des troncs placés dans les passages, dans les promenades, aux barrières, près des tombeaux des victimes, sollicitaient la bienfaisance publique, et s'emplissaient d'heure en heure. De tous côtés, des femmes généreuses, des femmes qu'on rencontre partout où sont des maux à calmer, des plaies à guérir, portaient aux mourans et aux blessés des remèdes efficaces et des paroles de consolation. C'était à qui montrerait le plus de zèle et de dévouement ; c'était à qui mettrait le plus de promptitude à soulager les infortunes : les uns ouvraient leurs maisons, les autres envoyaient de la charpie et des médicamens ; tous épuisaient leur bourse, et s'imposaient en proportion de leur fortune.

Les gens de l'art prodiguaient, avec un zèle et un désintéressement admirables, leurs soins éclairés à tant de malheureuses victimes, et semblaient se multiplier par leur infatigable activité.

Sur presque tous les points du combat, dans les édifices publics, aux chefs-lieux des mairies, des ambulances s'organisaient; les hôpitaux recevaient nos glorieux défenseurs, et la jeunesse de nos écoles, encore palpitante du combat, y affluait, jalouse de participer à tous les dévouemens, de secourir toutes les infortunes.

Formation es Commissions de ecours par rrondisseent.

A ce premier élan de reconnaissance et d'humanité succéda promptement une distribution plus régulière des secours. Les mairies nommèrent des commissions pour régulariser les recettes et les dépenses, pour recevoir et donner, pour porter dans les distributions un esprit d'ordre et de sagesse; dans un moment de précipitation et d'impatience, c'était doubler ses ressources que de les ménager.

Voici les noms des honorables citoyens qui composaient ces diverses Commissions :

Iᵉʳ ARRONDISSEMENT. MM. A. Lefort, maire; Gabillot, Hallot, adjoints; Auriol, Badin, Baucour, Billeheu, Blignères, Bourgeois, Canuet père, Chabran, Chaveau, Chardin, Dreux, Destain, Éloy, Gide, Guiard, Guyot, Jouy, Lesseps, Muron, François Marcellot, de Malus, Mussot, Prillieux, Porcher de la Fontaine, Reymond, Rouit, Rouget, Scordel, Séguin, Senaire, Saint-Beuve.

IIᵉ ARRONDISSEMENT. MM. Berger, maire; Bertinot et Begé, adjoints; le Secrétaire de la mairie.

IIIᵉ ARRONDISSEMENT. MM. Drouot, maire-adjoint; François Delessert, Legentil, Olivier, Mortimer Ternaux, Édouard Ternaux, Bordeaux, Bayle, Fróger de Mauny, Breton, Decan, Picot, Esline, Haize, Éverat, Ravot et Bouclier.

IVᵉ ARRONDISSEMENT. MM. Auguste Viguier, maire-adjoint;

Épamogène Viguier aîné, Taffin, Piorry, Quentin, Defrémicourt, Martin Gosselin, Sétier, Dalligny et Rousse.

Ve ARRONDISSEMENT. MM. Bourgeois, maire; d'Hubert et Vilcoq, adjoints; Vincent, Gaudy, Delaporte et Jecker.

VIe ARRONDISSEMENT. MM. Grondard, Robilliard, Pajot, Leroux, Bourdet, Mugnier, et Gallet, secrétaire de la mairie.

VIIe ARRONDISSEMENT. MM. Baudoin, Colmet de Santerre, Mansais et Chevalier.

VIIIe ARRONDISSEMENT. MM. le Maire, *président;* Galland, Nast, Belhomme, Lacroze et Cazenave père.

IXe ARRONDISSEMENT. MM. le Maire, *président;* Colleau, Michaud, Lesecq, Silvestre, Lenoble, et Jobert, *secrétaire.*

Xe ARRONDISSEMENT. MM. Bessas-Lamégie et Briant, maires-adjoints; Aumont, Cassin, Duval, Tetu, Choquet, Mouchinat, Jamart, Corpel, Dubasty, Bastide, Bauche, Hersent, de Perey, Boyveau fils, Fournier, Blondel fils, Meunier, Faure, Gasnault, Reyjal, Dufilho, Moreau, Charles Houdaille, Leblond, Montessuy, Würtz, Fayard, Rougelot, Guinard.

XIe ARRONDISSEMENT. MM. le Maire et les deux Adjoints, Crapelet, Naudet, Decrusy, Royer-Collard, Guyot-Sionnet, Fontaney, Villenave, David, Marchand-Dubreuil, Dany.

XIIe ARRONDISSEMENT. MM. Delanneau, Lafond, Boissel, Arago, Bacot, Bricogne, Cochin fils, Decalonne, Desbœuf, Dutau, Guyet, Houette, Jorry, Lafargue, Maës, Moutit, Nachet, Noël Girard, Salleron (Augustin), Salleron (Claude-Louis),

Sterlingue, Barrhoilet, Moutillard aîné, de Brauville, Dufresne, Liebert, Perducet, Rose.

XIIIe Arrondissement (Saint-Denis). MM. de Jessaint, sous-préfet; les Maires des communes où il se trouvait des blessés; Benoist, Truelle.

XIVe Arrondissement (Sceaux). MM. de Chateaugiron, de Jussieu, Lesourd, sous-préfets; Payen; Laforest, d'Arcueil; Libert, de Bercy; Rénet, de Bercy; Recordère, de Gentilly; Lejemptel, de Vincennes; Dupin, d'Antony; Gautier, de Vaugirard; Vincent, de Vanves; Vimont, d'Issy; Lhuilier, de Montrouge; Bauvais, d'Antony; Lépine, d'Issy; Lafond, d'Arcueil.

Travaux des Commissions. Ces Commissions, aussitôt installées, parcoururent les divers quartiers de leurs arrondissemens, visitèrent les hôpitaux, les ambulances, allèrent chez tous les blessés leur porter des consolations et des secours.

Partout elles voulurent s'assurer par elles-mêmes, et de la position des familles, et de l'urgence des besoins; combien, en effet, de ces infortunés se voyaient hors d'état de soutenir leurs femmes, leurs enfans, souvent même des parens vieux et infirmes! Pénétrés de la gravité de leurs fonctions, les Commissaires allaient souvent, assistés de médecins dévoués, alléger leurs souffrances, et presser leur rétablissement.

Formation des Commissions médicales par arrondissement. Les blessés ont eu trop à se louer de ces visites patriotiques, que des hommes de l'art leur prodiguaient chaque jour, pour que nous ne nous empressions pas aujourd'hui d'acquitter une part de leur dette, en livrant leurs noms à la reconnaissance publique.

Nous n'indiquerons que ceux qui assistèrent les commissaires dans leurs visites, et qui ont éclairé leurs opérations ultérieures; beaucoup d'autres, n'écoutant que leur zèle et leur dévouement, se sont empressés de prodiguer leurs soins à un grand nombre de blessés, sans avoir reçu spécialement cette mission de l'autorité municipale. Nous regrettons de ne pouvoir citer ici leurs noms; qu'ils reçoivent au moins l'expression de la gratitude publique.

Les médecins qui composaient les commissions médicales de chaque arrondissement étaient, pour le

Iᵉʳ ARRONDISSEMENT. MM. Guiard, Boisserie-Laserve, Canuet père, et Pâris.

IIᵉ ARRONDISSEMENT. MM. Guillon, Boucher et Dugua.

IIIᵉ ARRONDISSEMENT. MM. Bouneau, Fiard, Henry, Bintôt.

IVᵉ ARRONDISSEMENT. MM. Taffin, Robion, Jacob, Bouchenel, Pillon, Brunet, Dubois et Gendrin.

Vᵉ ARRONDISSEMENT. MM. Manry et Gresely.

VIᵉ ARRONDISSEMENT. MM. Melier, Labourcey, Chamant, Hureau, Boulay et Troncin.

VIIᵉ ARRONDISSEMENT. MM. Duparcque et Berthier.

VIIIᵉ ARRONDISSEMENT. MM. Cazenave père, Belhomme, Lacroze, et Cazenave fils.

IXᵉ ARRONDISSEMENT. MM. Girot et Dubois.

Xᵉ ARRONDISSEMENT. Le service a été fait par les Médecins des hôpitaux situés sur l'arrondissement, ainsi qu'il est expliqué plus bas, page 15.

XIᵉ ARRONDISSEMENT. M. Tascheron.

XIIᵉ ARRONDISSEMENT. MM. Barrhoilet, Descuret, Devilliers, Dubois, Marie, Saloné et Juglar.

XIIIe ARRONDISSEMENT. (Saint-Denis.) MM. les Médecins des localités.

XIVe ARRONDISSEMENT. (Sceaux.) MM. Girardin, de Vaugirard ; Pichot, de Bercy.

Ainsi aidés des lumières de la science et animés d'un esprit de judicieux examen, les Commissions d'arrondissement portaient partout leur investigation consciencieuse. En permanence aux chefs-lieux des Mairies, elles recevaient les plaintes des victimes, et pourvoyaient à l'instant même à leurs plus pressans besoins.

Distribution des premiers secours dans es arrondissens.

Dans les premiers jours, on compta peu avec les blessés ; tous ceux qui se présentaient avec quelque apparence de souffrance et de besoins, étaient accueillis : au milieu d'émotions aussi vives, il était bien difficile, malgré le zèle le plus infatigable, de discerner dès l'abord ceux qui avaient réellement bien mérité et ceux qui cherchaient à s'approprier sans droit les offrandes de la patrie. Sans doute, on est bien loin de le nier, dans le commencement, quelques erreurs ont pu être commises, parce qu'alors il fallait être large et généreux à tout prix ; et mieux valait encore donner à un intrigant qui s'était forgé des titres mensongers que de repousser par trop de défiance un homme véritablement malheureux. C'est contre ces hommes coupables que les Commissions eurent à se défendre constamment, c'est contre eux qu'il leur a fallu une persistance infatigable ; elles ont fait tout ce qu'il était humainement possible de faire, elles ont la conscience d'avoir religieusement rempli leur mandat.

Mais à côté de ce petit nombre de fourbes, qui virent une proie facile dans l'argent distribué par nos mains, combien d'ouvriers pauvres et malheureux donnèrent de nobles exemples de générosité et de désintéressement ! combien en vîmes-nous refuser l'offrande qui leur était due, nous priant de la réserver pour des victimes encore plus infortunées.

Ainsi se poursuivaient les travaux assidus des Commissions d'arrondissement; mais bientôt on sentit l'inconvénient de les laisser, dans chaque mairie, livrées à elles-mêmes, sans point de ralliement entre elles, sans direction commune; on sentit qu'il fallait créer un centre unique, d'où leur viendrait une impulsion uniforme. Que de réclamations, en effet, pouvaient s'élever entre les blessés, si les Commissions agissaient différemment les unes des autres dans quelques arrondissemens !

Le préfet de la Seine, M. Delaborde, auquel nous sommes heureux de rendre hommage, avec toute la France, pour le zèle et le dévouement qu'il a déployés dans la grande semaine, comme dans sa courte administration de la capitale, invita, par sa circulaire du 10 août 1830, tous les Maires de Paris et les Sous-Préfets de Sceaux et de Saint-Denis, à désigner un membre de chacune de leurs Commissions municipales.

Ces membres, présentés par MM. les Maires, se rendirent à l'Hôtel-de-Ville le 12 août 1830, y prirent séance pour la première fois, et s'installèrent en commission centrale, dite *Commission de la Souscription nationale.* En voici les noms.

M. le Préfet de la Seine, *président.*

M. François Delessert, *vice-président.*

Iᵉʳ Arrondissement. M. Reymond, pharmacien, administrateur du Bureau de Bienfaisance.

IIᵉ Arrondissement. M. Berger, maire.

IIIᵉ Arrondissement. MM. François Delessert et Mortimer Ternaux, auditeur au Conseil d'État.

IVᵉ Arrondissement. M. A. Viguier, adjoint au maire.

Vᵉ ARRONDISSEMENT. M. Vincent, avoué.

VIᵉ ARRONDISSEMENT. M. Robilliard, négociant.

VIIᵉ ARRONDISSEMENT. M. Marchand, maire.

VIIIᵉ ARRONDISSEMENT. M. Galland, négociant.

IXᵉ ARRONDISSEMENT. M. Lenoble, avocat, remplacé depuis par M. Crosnier, maire.

Xᵉ ARRONDISSEMENT. M. Bessas-Lamégie, adjoint au maire.

XIᵉ ARRONDISSEMENT. M. Villenave, homme de lettres.

XIIᵉ ARRONDISSEMENT. M. Boissel, pharmacien, adjoint au maire.

XIIIᵉ ARRONDISSEMENT (Saint-Denis). M. Truelle, négociant.

XIVᵉ ARRONDISSEMENT (Sceaux). M. Payen, négociant.

M. Barrière, chef de division, *secrétaire*.

Comme nous le verrons tout à l'heure, MM. Dumoulin, du *Constitutionnel*, et Lesourd, des *Débats*, y furent appelés pour représenter les journaux; plus tard, par arrêté du Préfet du 28 mars 1831, MM. Delaborde, président du conseil général du département; Cochin, secrétaire du conseil général du département; Ganneron, président du tribunal de commerce; de Schonen, colonel de la neuvième légion; Gilbert-Desvoisins, colonel de la septième légion, furent nommés membres de cette Commission.

Dans le chapitre suivant, nous rendrons compte de ses diverses opérations; qu'il nous suffise de dire dans ce moment, que, du jour de son installation, elle donna tous ses soins à la distribution uniforme des secours, et qu'elle seconda de tout son pouvoir le zèle et le dévouement des Commissions d'arrondissement. Celles-ci, poursuivant le cours de leurs travaux, continuèrent jusqu'au 7 octobre 1830 à se livrer avec ardeur à la tâche qu'elles s'étaient imposée, et firent constamment toucher aux Blessés, aux Veuves et aux Orphelins, l'argent que réclamaient leur position et leurs besoins.

A cette époque, le Ministre de l'intérieur écrivit au Préfet de la Seine, et le prévint que le Gouvernement prenait désormais à sa charge tous les secours à distribuer aux victimes, et que la Commission des Récompenses nationales, instituée en vertu de la loi du 2 septembre 1830, était investie par la loi du droit de les répartir.

C'est à cette époque du 7 octobre 1830, que s'arrête la première période des travaux de la Commission de la Souscription nationale; pendant les deux mois qu'elle comprend, des distributions journalières furent faites aux mairies sur les fonds mêmes qui y étaient déposés. 457,614 fr. 38 c. (1) furent employés aux plus impérieux besoins de tant de victimes. Il serait difficile de préciser le nombre de ceux qui prirent part à ces distributions, car beaucoup y figurent pour des sommes très minimes, mais on peut l'évaluer à quinze mille environ.

CHAPITRE II.

Dans le premier chapitre, nous nous sommes attachés à faire connaître les travaux des Commissions d'arrondissement, et nous n'avons fait qu'indiquer l'existence de la Commission centrale séante à l'Hôtel-de-Ville, parce que pendant cette première période elle se borna à prescrire aux Commissions d'arrondissement des mesures d'ordre et de régularité pour le bien du service.

A partir du 7 octobre, son rôle s'agrandit, et elle resta chargée

Opératio
de la Co
mission ce
trale.

(1) Voir le Tableau n° 3.

de répartir à chacun des ayans-droit sa part dans l'offrande de la patrie. Ce fut elle qui régla la distribution de près de quatre millions. Son premier soin, en s'installant, fut de centraliser les recettes et les dépenses.

Souscrip-
ns faites
x bureaux
s jour-
ux.

Des sommes considérables avaient été versées au bureau du *Constitutionnel*; pendant près de six semaines, les propriétaires de ce journal distribuèrent une partie de ces fonds aux victimes des trois journées simultanément avec les Commissions d'arrondissement. Mais l'expérience montra combien il était préjudiciable aux blessés de laisser ainsi plusieurs caisses différentes, sans contrôle réciproque, où ils pourraient aller successivement puiser.

La Commission centrale, frappée des graves inconvéniens que pourraient présenter ces doubles distributions, s'empressa de se mettre en rapport avec MM. les propriétaires du *Constitutionnel*; ceux-ci, trop jaloux des véritables intérêts des blessés, versèrent leurs fonds dans la caisse municipale, se démettant de pouvoirs conférés par la nécessité et si généreusement exercés. M. Évariste Dumoulin fut chargé de les représenter à la Commission.

Deux états nominatifs ont été imprimés à l'appui des distributions faites par le *Constitutionnel*, et le numéro du 27 septembre 1830 contient le compte-rendu de la Commission que les propriétaires gérans de ce journal avaient formée. 240,349 fr. furent ainsi distribués à plus de deux mille neuf cents familles représentant plus de dix mille individus, ce qui donne une moyenne de près de 85 fr. par distribution.

Les frais divers de la Commission du *Constitutionnel* et les frais d'impression des listes se sont élevés à 4,749 fr. 25 c., ce qui, en tout, fait une somme de 245,098 fr. 25 c.

Parmi les autres journaux, deux seulement ont encore distribué quelques fonds dans leurs bureaux : le *National*, qui, dans les premiers jours, distribua 2,540 fr., mais qui, voulant que tout ce qu'il avait reçu des souscripteurs fût religieusement versé à la caisse commune, a fait de cette somme sa souscription particulière; et *le Temps*, qui a fait porter en ligne de compte une somme de 5o fr. qui fut payée dans ses bureaux à un blessé.

Il a donc été porté en dépenses par les journaux, savoir :

Par *le Constitutionnel*..............	245,098 fr.
Par *le National*.............	2,540
Par *le Temps*..............	5o
Total...............	247,688 fr.

Voir les Tableaux n°s 2 et 4.

La Commission eut ensuite à porter son attention sur les di- verses ambulances qui s'étaient pour ainsi dire improvisées dans tous les quartiers de Paris, et dont plusieurs furent obligées de recourir à ses fonds pour solder leurs dépenses. Ambulances.

Voici la désignation de ces diverses ambulances :

Ier ARRONDISSEMENT. Ambulance des Pyramides, qui fut ouverte le 1er août, et fermée le 8 septembre; elle reçut cent soixante-quatorze blessés, qui y sont restés plus ou moins long-temps, soit qu'ils en soient sortis guéris, soit qu'ils aient été évacués sur un autre hôpital. Cet établissement a coûté 5,158 fr. 95 c.

IIe ARRONDISSEMENT. Ambulance de la Bourse, qui, ouverte dès les premiers jours, subsista jusqu'au 10 octobre 183o. Cette ambulance a coûté 2,734 fr. 6o c.

IIIe ARRONDISSEMENT. Ambulance de la Mairie, qui a subsisté pendant quelques semaines, et qui a été entretenue par les dons du voisinage; et l'ambulance du Saumon, qui a subsisté six semaines, et qui a été soutenue par le produit du tronc qui y était établi et par les secours du *Constitutionnel*.

IVe Arrondissement. Ambulance de la rue de Grenelle Saint-Honoré, n° 29, gérée par M. Setier, qui a reçu plus de cent cinquante blessés, soignés particulièrement par MM. Robion, Jacob et Bouchenel.

Ambulance de la Halle aux Draps.
    Idem de la rue Saint-Honoré, n° 128.
    Idem de la rue des Bourdonnais.

Ces quatre ambulances ont été soutenues par le produit des troncs établis et des quêtes faites dans le voisinage, et par les dons en nature, qui ont afflué de toutes parts.

Ve Arrondissement. Ambulances de la rue Notre-Dame de Bonne-Nouvelle et de la Cité d'Orléans, qui ne subsistèrent que quelques jours, et qui furent défrayées par des quêtes faites à domicile; ambulance de la maison de santé du faubourg Saint-Denis, dirigée par madame Dubray, et défrayée à ses frais.

VIe Arrondissement. Il fut établi des ambulances au Temple; rue Sainte-Appoline, chez M. Beaufils; rue Notre-Dame de Nazareth, chez M. Chamant; dans la maison de roulage, rue Saint-Martin, n° 245; rue Quincampoix, dans la maison de secours du quartier des Lombards; chez plusieurs pharmaciens, particulièrement chez MM. Dublanc et Lecourt. Toutes furent défrayées par des dons particuliers ou par la Mairie.

VIIe Arrondissement. Ambulance Saint-Merry, établie dans les anciennes salles du tribunal de commerce; elle reçut cent quarante blessés, et a coûté 2,833 fr. 24 c.

VIIIe Arrondissement. Il n'y a pas eu d'ambulance dans cet arrondissement.

IXe Arrondissement. Une ambulance fut établie à la Mairie et une autre au passage Charlemagne; elles se défrayèrent par des dons particuliers ou sur les fonds de la Mairie.

Xe ARRONDISSEMENT. Il n'y a pas eu d'ambulance dans cet arrondissement, attendu les nombreux hôpitaux situés sur son territoire; d'honorables citoyens étaient chargés d'y visiter tous les jours les blessés.

XIe ARRONDISSEMENT. Deux ambulances y furent établies, l'une au séminaire Saint-Sulpice, l'autre à Saint-Côme, rue de l'Observance; elles furent fournies de charpie et de linge apportés à la Mairie par les habitans, et leurs dépenses furent prises sur les fonds versés à la Mairie.

XIIe ARRONDISSEMENT. Il n'y a point eu d'ambulance dans cet arrondissement.

Saint-Denis et Sceaux n'eurent point d'ambulance, et les blessés furent traités à domicile.

L'Hôtel-de-Ville, qui dès le premier jour avait été le quartier-général des autorités constituées, et vers lequel affluaient continuellement et les combattans et tous ceux qui avaient quelques réclamations à faire, eut aussi pendant quelque temps sa caisse de distribution, où, sur des bons donnés par le Préfet de la Seine et les membres de la Commission municipale, un grand nombre d'individus touchaient des secours pécuniaires. Dans la première précipitation, inséparable d'une organisation toute nouvelle, on ne pouvait renvoyer aux mairies ceux qui se présentaient à la Ville, et mieux valait peut-être risquer de faire un double emploi que de refuser à un malheureux, qui, au bout de ses ressources, ne pouvait attendre un seul instant de plus. Quinze cent quatre-vingt-cinq blessés participèrent à cette distribution, qui s'est élevée

[marge: Distribution de premiers secours à l'Hôtel-de-Ville, et par la Commission centrale.]

à 3r,104 fr. 15 c., ce qui fait pour chacun une moyenne de près de 20 fr. ; mais, à mesure qu'un mode uniforme de distribution s'établissait dans les mairies, les distributions de la Ville cessèrent, et les réclamans durent s'adresser à leurs mairies respectives.

Après le 7 octobre 1830, la Commission centrale dût aussi en plusieurs occasions accorder des secours extraordinaires à quelques besoins urgens; elle employa, à cet effet, une somme de 4,554 fr. 80 c.

Il a donc été distribué aux blessés et aux autres victimes de juillet, à titre de secours provisoires :

1°. Par les quatorze arrondissemens. 457,614 fr. 38 c.

2°. Par les journaux. 247,688 25

3°. Par la Préfecture de la Seine. . . . 31,104 15

4°. Par la Commission centrale. 4,554 80

Total. . . . . 740,961 fr. 58 c.

Ce fut au 7 octobre, comme nous l'avons déjà dit, que, par arrêté ministériel, les secours à distribuer aux victimes de juillet furent mis à la charge de l'État, et que les Membres de la Commission des Récompenses furent chargés de ce soin.

Les travaux faits par nos Commissions d'arrondissement leur furent dans les mairies d'un très grand secours; plusieurs même continuèrent de s'entourer des lumières que nos laborieux collègues avaient acquises par une expérience de tous les jours.

Aucun crédit spécial n'était encore ouvert à la Commission des Récompenses pour subvenir aux besoins des blessés que la loi du 2 septembre avait mis à sa charge, la Commission de la Souscription nationale, sur la demande du Ministre de l'In-

- Continuation des distributions de secours aux ayans-droit par la Commission des Récompenses nationales.

térieur, prêta à cette Commission une somme de 465,000 francs, qui depuis lui a été remboursée.

Ici se présentait naturellement une question grave. Devions-nous, à l'aide des Commissions d'arrondissement, continuer nos distributions, alors que la Commission des Récompenses, disposant des fonds de l'État, prenait à sa charge les secours nécessaires aux blessés; ou bien devions-nous, à partir de ce moment, suspendre toute répartition de nos fonds, les réservant pour un temps où, définitivement rétribuées par le gouvernement, les victimes de juillet recevraient avec plus d'utilité un supplément efficace et durable à leur indemnité ou pension ?

Valait-il mieux épuiser en soulagemens passagers des sommes considérables, ou les mettre à part pour améliorer plus tard le sort de tant de familles; en un mot, fallait-il sacrifier l'avenir au présent ?

La Commission ne l'a pas pensé. Les blessés recevaient de l'État des indemnités régulières et suffisantes. 3 francs 50 cent. par jour étaient alloués à chaque blessé non guéri, et 50 centimes en sus par chaque enfant dont ils étaient chargés. Enfin, ceux dont les blessures étaient entièrement guéries, recevaient une indemnité de 150 francs.

Ils étaient classés selon la gravité de leurs blessures et les charges qu'ils avaient à supporter; ils touchaient des secours proportionnés à toutes ces nécessités.

De scrupuleux examens se faisaient pour constater l'origine des contusions ou des cicatrices sur lesquelles, quelques mois plus tard, une autorité légalement constituée devait prononcer, après s'être fait représenter des pièces régulières et des actes positifs.

Pouvions-nous risquer de nous mettre en désaccord avec cette Commission, qui avait reçu ses pouvoirs du Gouvernement, et donner lieu aux blessés de rejeter sur l'une ou l'autre des deux

Motifs qui déterminèrent la Commission de la Souscription nationale à suspendre toute distribution.

3

Commissions des décisions contradictoires. Cela n'eût été ni prudent ni utile aux blessés. Nous avons donc cru, pendant tout le temps que la Commission des Récompenses poursuivait ses travaux, devoir nous abstenir de toute distribution générale, et réserver nos fonds pour le temps où elle aurait rendu toutes ses décisions. Nous étions certains alors de ne pas nous trouver en contradiction avec elle, et d'être éclairés dans notre travail par ses recherches laborieuses.

C'était une garantie pour nous que de mettre nos jugemens à l'abri de ceux d'un tribunal constitué par la loi; c'était les préserver des attaques, qui, sans cela, les auraient peut-être accueillis; c'était aussi les mettre à l'abri des obsessions de l'intrigue et de la fraude.

Nous avons donc décidé, après avoir mûrement examiné cette question, une des plus importantes que nous ayons eu à résoudre, que, provisoirement, nos distributions seraient suspendues, et que notre répartition définitive ne s'opérerait qu'après la liquidation terminée de la Commission des Récompenses.

Placement des fonds de la Souscription nationale.

L'argent fut donc mis en réserve, les distributions furent arrêtées; mais fallait-il, attendant les décisions de la Commission des Récompenses, laisser notre trésor inactif dans la caisse municipale, pour le distribuer ensuite entièrement en sommes plus ou moins considérables? Il était à craindre peut-être que cet argent ainsi donné ne fût pas aux victimes d'une utilité réelle. Maîtres tout à coup d'un assez fort capital, les blessés sauraient-ils prudemment le ménager? Beaucoup ne se seraient-ils pas dispensés de travailler pendant un an, deux ans, pour se réveiller ensuite sans ressources, au milieu de la misère, résultat de leur incurie et de leur imprévoyance? On craignait que ces sommes ne s'écoulassent entre leurs mains, sans leur rapporter un bien-être durable, sans leur rester comme une épargne pour leur vieillesse.

On résolut donc d'acheter des rentes 5 pour 100, et d'en répartir les coupons.

Touchant ainsi les intérêts sans nuire au capital; ils avaient plus d'aisance pour le présent, plus de sûreté pour l'avenir, et ces inscriptions de rentes devaient leur rester comme un témoignage perpétuel de la reconnaissance de la nation. Il y avait avantage pour eux, il y avait aussi avantage pour la morale publique à montrer que la patrie est une bonne mère pour les enfans qui se dévouent pour elle, qu'elle se charge de guérir et de cicatriser leurs blessures, comme aussi de leur assurer une vieillesse heureuse et honorée.

Telles sont les raisons graves sur lesquelles s'est appuyée, à l'unanimité, la Commission; elle a agi à la fois, et dans l'intérêt des blessés, et dans celui de la moralité nationale : c'était une récompense pour les victimes, une leçon pour tous les citoyens; c'était une médaille qu'on frappait pour rappeler à chacun ses devoirs, et prouver à nos enfans, dans dix ans comme aujourd'hui, qu'il y a toujours honneur et avantage à bien mériter de la patrie.

Cependant la Commission de la Souscription, tout en mettant en réserve, par un placement en rentes, une grande partie de ses fonds, ne négligea pas le soin de nos héroïques défenseurs, et ne voulant point entrer en concurrence avec l'État par des distributions, ni faire de doubles emplois, elle résolut de consacrer une partie de ses fonds à procurer à nos blessés des adoucissemens à leurs maux, que la Commission des Récompenses, circonscrite dans sa bienveillance par les bornes de la loi, ne pouvait leur offrir.

Maison de convalescence de Saint Cloud.

C'est ainsi que, sous les auspices de la Commission de la Souscription, s'ouvrit la maison de Saint-Cloud, et que, plus tard, l'établissement thermal de Bourbonne reçut un grand nombre de blessés, qui vinrent, aux frais de la souscription nationale, recueillir le bienfait des eaux. Ces deux mesures, et quelques autres encore, ont eu une influence trop heureuse sur leur guérison pour ne pas mériter une mention spéciale.

Dès les premiers jours d'août, les hôpitaux, remplis de blessés, ne pouvaient suffire aux besoins sans cesse renaissans; et d'ailleurs ceux-ci, confondus avec les autres malades, se trouvaient dans une atmosphère que les gens de l'art reconnaissaient comme peu propre à hâter leur guérison.

On sentit que leur convalescence demandait un air plus pur et plus salubre, et l'on songea à les transporter à la campagne pour profiter des derniers beaux jours que l'automne promettait.

Parmi tous les édifices que la royauté déchue avait laissés déserts, l'ancien hôtel des Gardes-du-Corps, à Saint-Cloud, situé au lieu même d'où le vieux monarque contemplait froidement les massacres de Paris, fut choisi, par une heureuse idée, pour servir d'asile à ceux que ses mitraillades avaient mutilés.

Aucun lieu d'ailleurs ne réunissait à un plus haut degré les conditions de salubrité et d'hygiène qu'exige un pareil établissement. Sa situation au midi, son isolement de toute habitation, la proximité du parc, l'étendue et la disposition des constructions, ne laissaient rien à désirer.

En vingt-quatre heures, par les soins de M. Odilon-Barrot, alors préfet de la Seine, les réparations les plus urgentes furent faites, les préparatifs les plus indispensables furent achevés, et le dimanche 5 septembre cette maison commença à recevoir nos blessés. Depuis cette époque jusqu'au 15 décembre, quatre cent trente et un y furent successivement reçus, et presque tous y recouvrèrent la santé, ou y obtinrent du moins un soulagement à leurs maux.

MM. Dupuytren et Jobert, qui, à l'Hôtel-Dieu et à la maison de santé du faubourg Saint-Denis, avaient, dès les premiers jours, prodigué les soins les plus assidus aux blessés reçus dans ces deux hospices, furent chargés du service de cet établissement, et y déployèrent un zèle qui depuis long-temps est trop connu pour avoir besoin d'éloges.

M. Legros, élève interne de l'Hôtel-Dieu, qui, dans les journées de juillet, s'était fait aussi distinguer par son zèle et son activité, partagea avec eux cette tâche pénible, et a mérité la même reconnaissance.

MM. Arnal, Fleury, Deschaintres et Lenoir furent spécialement attachés, en qualité d'aides, au service de la maison de convalescence, dont la direction fut confiée au zèle éclairé de M. Cusin. Enfin, la haute surveillance de cet établissement fut déléguée par le Conseil général des Hospices à M. Benjamin Delessert, l'un de ses membres, dont le nom se retrouve dans toutes les créations philanthropiques.

L'administration des hôpitaux s'empressa de faire jouir ce nouvel établissement des approvisionnemens qu'elle avait en réserve pour son service journalier; et dans les cas où une nouvelle concurrence pouvait promettre un service aussi régulier et moins dispendieux, elle en profita avec empressement, et parvint ainsi à apporter dans les frais de nourriture et de consommation l'économie la plus scrupuleuse.

Tout fut prévu dans cet établissement, jusqu'aux moyens d'instruction : des cours de lecture, d'écriture, de calcul, furent établis, et si le succès n'a pas toujours répondu à l'attente de l'administration, la faute en est au peu de temps que l'hiver laissait encore. Cependant, plusieurs blessés qui étaient dépourvus de toute instruction, sortirent de Saint-Cloud sachant passablement lire et écrire; beaucoup d'autres y accrurent l'instruction qu'ils avaient déjà.

Le compte général des dépenses de la maison de convalescence de Saint-Cloud s'élève à une somme totale de 91,563 fr. 45 cent. qui se divise ainsi :

Frais d'administration, de nourriture, de médicamens, de chauffage et de blanchissage..... 34,633 fr. 39 c.

Frais d'équipement des blessés en gardes natio-
naux. 33,369   45

Secours de sortie........................... 8,620   »

Frais de premier établissement............. 1,227   73

Achat de mobilier.......................... 1,528   28

Frais d'instruction......................... 3,885   10

Indemnités aux élèves et autres employés.... 2,700   »

Dépenses diverses imprévues............... 5,599   50

Somme égale........ 91,563 fr. 45 c.

Les quatre cent trente et un blessés qui furent successivement reçus à la maison de Saint-Cloud, depuis le 5 septembre jusqu'au 15 décembre 1830, ont produit quatorze mille sept cent dix-huit journées de malades. Si on compare ce nombre au chiffre des dépenses qui peuvent seules être calculées pour fixer les frais d'une journée de malade, c'est-à-dire à celles portées à l'article premier ci-dessus, qui s'élèvent à 34,633 fr. 39 cent., on voit que chaque malade a coûté par jour 2 fr. 34 cent., prix qui ne doit point paraître trop élevé, si l'on considère les frais énormes qu'il a fallu faire pour improviser un hôpital, pour nourrir, blanchir et chauffer des blessés, dont l'ordinaire d'ailleurs était meilleur que celui des malades reçus d'ordinaire dans les hôpitaux.

Évacuation des blessés de Saint-Cloud sur la Maison de Santé du faubourg Saint-Denis.

Au 15 décembre, le peu de blessés qui restait à Saint-Cloud fut dirigé sur la maison de santé du faubourg Saint-Denis, qui, dès les premiers jours, en avait reçu un grand nombre, et qui en conserva quelques uns jusqu'à leur départ pour les eaux, comme nous le verrons tout à l'heure.

Cette maison de santé devint ainsi, pendant tout l'hiver, la retraite des blessés qui, n'ayant pas encore entièrement recouvré la santé, attendaient la belle saison pour aller demander aux eaux la fin d'une convalescence qui avait déjà été fort avancée à Saint-Cloud.

Cent trente-quatre blessés ont été reçus dans cette maison, et y ont produit cinq mille sept cent soixante-dix-neuf journées, qui, au prix de 2 fr. 50 cent. consenti avec l'administration, ont donné une dépense de 14,447 fr. 50 c.

Au commencement du printemps de 1831, la Commission de la Souscription nationale, dans sa sollicitude continuelle pour les blessés, conçut le projet d'envoyer ces généreux défenseurs aux eaux thermales les plus renommées pour la guérison des blessures, et qui sont chaque année le rendez-vous des guerriers que la mitraille a sillonnés pendant trente ans de combats. Envoi des blessés aux eaux.

M. Dupuytren, membre du Jury médical de la Commission des Récompenses, qui avait été chargé spécialement du service de Saint-Cloud, et avait ainsi vu passer sous ses yeux déjà plusieurs fois tous les blessés de juillet, accepta avec empressement l'offre à lui faite par la Commission de la Souscription, de vouloir bien se charger de désigner ceux d'entre eux qui pouvaient espérer quelque soulagement d'un séjour aux eaux. Il s'adjoignit pour cette nouvelle visite M. Germain, qui avait fait auprès du Jury médical de la Commission des Récompenses nationales l'office de secrétaire.

La Commission s'adressa à l'Administration des Messageries royales de la rue Notre-Dame-des-Victoires, qui se chargea du transport des blessés pour l'aller et le retour à un prix très modéré.

Quatre-vingt-deux blessés furent appelés à jouir du bienfait des eaux.

Il en fut envoyé 74 à Bourbonne.

            4 à Barrèges.
          ―――――
        78.

Report. 78
Il en fut envoyé   1 à Néris.
                    1 au Mont-d'Or.
                    2 aux bains de mer.
                   ──────
                    82.

(Voir la liste nominative à la fin du Rapport.)

Le compte général des frais s'est monté à la somme totale de
22,915 fr. 30 c., qui se divisent ainsi :

Frais de transport	5,547 fr. 30 c.
Séjour à Bourbonne.	10,515 »
Médicamens à Bourbonne.	944 80
Frais à d'autres eaux.	1,986 65
Sommes allouées aux blessés. . . .	3,300 »
Frais d'impression.	29 »
Frais divers.	592 55

Somme égale. . . . 22,915 fr. 30 c.

Ce qui donne une dépense commune pour chaque blessé de
279 fr. 45 c., somme extrêmement modérée, si l'on songe aux
frais de transport, de nourriture, de logement, qu'il a fallu faire
pour chacun de ces blessés, pendant un séjour qui s'est prolongé
pour quelques uns jusqu'à soixante-dix et quatre-vingts jours, et si
l'on considère que six de ces blessés ont été envoyés à des eaux
beaucoup plus éloignées, et ont nécessité des dépenses beaucoup
plus fortes que la moyenne que nous venons de donner.

Qu'il nous soit permis ici, en terminant cette partie de notre
compte, de remercier M. Valferden, agent de l'établissement
thermal de Bourbonne, et M. Therrin, chirurgien en chef de

l'hôpital militaire de la même ville, pour les soins aussi actifs que désintéressés qu'ils ont prodigués à nos blessés.

L'anniversaire des journées de juillet, en 1831, devint pour la Commission de la Souscription nationale une occasion toute naturelle d'accorder aux blessés de nouveaux secours ; il fut décidé qu'un habillement complet serait donné à tous les blessés décorés de la croix ou de la médaille de juillet, et qu'une somme de 50 fr. serait distribuée à tous les blessés indistinctement à titre de secours provisoire, et en attendant la répartition générale qui devait être ultérieurement faite.

Indemnité et habillement à l'occasion de l'anniversaire de juillet 1831.

Deux mille six cent neuf blessés prirent part à cette distribution ; mais comme quelques uns, en petit nombre, ne touchèrent que 25 francs, la dépense ne se monta qu'à une somme de 127,865 fr.

Mille deux cent quatre-vingt-deux décorés de la croix ou de la médaille furent habillés par les soins de MM. les Maires et des Sous-Préfets de Sceaux et Saint-Denis ; le compte des frais d'habillement s'élève à une somme de 76,383 fr. (1)

Ce fut à l'occasion de ces distributions faites aux blessés décorés que de nombreuses réclamations furent faites et depuis renouvelées par ceux qui, sans avoir été blessés en juillet, avaient par leur conduite courageuse mérité la croix ou la médaille.

Réponse à quelques prétentions élevées sur le fonds de la Souscription nationale par des combattans de juillet.

Plusieurs fois des députations vinrent, en leur nom, nous demander de les admettre au partage de la souscription nationale ; mais la Commission, tout en regrettant de ne pouvoir récompenser leur courage et leur dévouement, persista dans la résolution qu'elle avait prise, dès ses premières séances, de ne faire participer aux fonds qu'elle avait mission de distribuer que les blessés, les veuves, les ascendans et les orphelins.

(1) Voir le Tableau n° 5.

En effet, n'était-ce pas uniquement pour eux que l'argent avait été déposé aux Mairies, à la caisse municipale? N'était-ce pas en leur nom que les journaux avaient fait un appel à la bienveillance publique? Nous étions donc liés par la volonté des souscripteurs, dont nous n'étions que les mandataires; nous ne pouvions donc à notre gré détourner cet argent de sa destination, et d'ailleurs nous n'avions à distribuer qu'une somme fixe, et on ne pouvait donner aux uns sans retirer aux autres.

Ceux qui n'avaient point été blessés pouvaient-ils entrer en concurrence avec ceux qui s'étaient vus mutilés par la mitraille, ou qui avaient vu leur mari, leur père ou leur fils, tomber victimes de leur dévouement? La croix ou la médaille qu'ils avaient obtenue de la Commission des Récompenses n'était-elle pas un prix assez beau de leur courage?

Dans les armées, d'ailleurs, le brave qui expose sa vie sur le champ de bataille, mais qui revient sans blessure, ne reçoit qu'une récompense honorifique, et les indemnités ou pensions sont réservées à ceux-là seuls qui, mutilés et infirmes, deviennent incapables de gagner leur vie.

La Commission de la Souscription nationale a cru cet exemple parfaitement applicable, et ne s'est point arrêtée à ces réclamations dans le partage définitif qu'elle a fait des fonds de la souscription, et duquel il est temps de parler.

Mais avant d'opérer ce partage, la Commission de la Souscription nationale avait une première question à résoudre : c'était celle de savoir sur quelle base elle devait établir son travail.

La Commission des Récompenses nationales, investie par les lois des 2 septembre et 13 décembre 1830, du droit de liquider pour le compte de l'État les pensions que ces lois accordaient aux victimes de notre glorieuse révolution, s'était livrée, sur ces différentes réclamations, à un travail entouré de trop de garanties et de trop de soins, pour que la Commission de la Souscription nationale pût douter de son exactitude, et ne s'empressât de l'adopter et de le prendre pour guide dans le dédale immense qu'elle avait à parcourir.

La Commission de la Souscription consacra donc en principe que ceux-là seuls dont les droits avaient été liquidés par la Commission des Récompenses nationales, seraient, sans être astreints à d'autres productions, admis à la répartition; qu'au contraire, les réclamations qui n'avaient pu être, par une circonstance particulière, accueillies par la Commission des Récompenses, seraient plus tard examinées dans le travail des cas exceptionnels.

Quant aux veuves, aux orphelins et aux ascendans liquidés par la Commission des Récompenses, aucune difficulté ne pouvait s'élever; mais il n'en était pas de même des blessés pensionnés. La Commission des Récompenses avait fait examiner, par un jury médical composé de nos plus habiles praticiens, MM. Dupuytren, Larrey, Roux, Marjolin, Boyer et Jobert, auxquels M. Germain avait servi de secrétaire, tous ceux dont les blessures avaient paru de nature à laisser des suites fâcheuses. Ces messieurs les avaient classés dans huit catégories distinctes, dont voici la nomenclature:

I⁽ʳᵉ⁾ Classe. Blessures qui n'ont entraîné d'empêchement que pendant la durée de la guérison.

II⁽ᵉ⁾ Classe. Blessures qui ont entraîné après la guérison une incapacité temporaire avec détermination de temps.

III⁽ᵉ⁾ Classe. Blessures qui ont entraîné une incapacité durable, mais incomplète, d'un membre ou d'un organe.

IV⁽ᵉ⁾ Classe. Blessures qui ont entraîné une incapacité durable et complète d'un membre ou d'un organe.

Ve CLASSE. Blessures qui ont entraîné la perte partielle d'un membre ou d'un organe.

VIe CLASSE. Blessures qui ont entraîné la perte totale d'un membre ou d'un organe.

VIIe CLASSE. Blessures qui ont entraîné la perte de deux membres ou de deux organes importans.

VIIIe CLASSE. Blessures qui ont entraîné des infirmités ou des déformations tant internes qu'externes, équivalant aux suites de quelques unes des blessures précédentes.

La Commission des Récompenses nationales, à laquelle la loi du 13 décembre laissait la fixation des pensions depuis 300 fr. jusqu'à 1,000 francs, appliqua aux six dernières classes une somme proportionnelle, en se réservant la faculté de faire monter à la classe supérieure un blessé intéressant par des circonstances particulières ou par le courage qu'il avait déployé dans le combat. La Commission de la Souscription nationale décida qu'elle appellerait à la répartition de ses fonds tous ceux dont les droits avaient été reconnus par la Commission des Récompenses, et suivant les classes dans lesquelles ils avaient été rangés par le jury médical, sans toutefois proportionner son allocation à celle qu'ils avaient reçue de la Commission des Récompenses nationales ; les motifs de cette différence sont faciles à saisir, ils sont puisés dans la nature même des pouvoirs des deux Commissions.

La Commission des Récompenses nationales était appelée à récompenser le courage ; la mission de celle de la Souscription était de secourir l'infortune, et comme cette dernière Commission avait déjà refusé, quoiqu'à regret, d'admettre au partage de la souscription les décorés malheureux, mais non blessés, elle devait, par suite de cette décision, se refuser à toute allocation dont le motif aurait été puisé dans d'autres considérations que celle de la blessure elle-même.

Les catégories établies par la Commission des Récompenses étant une fois adoptées, voici quelle fut l'allocation que la Commission de la Souscription accorda à chacune d'elles.

75 fr. de rentes 5 pour 100, au capital de 1,500 fr., furent alloués à chaque veuve et à chaque orphelin.

50 fr. de rentes 5 pour 100, au capital de 1,000 fr., furent alloués aux ascendans.

200 fr. de rentes 5 pour 100, au capital de 4,000 fr., furent alloués aux blessés de la huitième classe.

175 fr. de rentes 5 pour 100, au capital de 3,500 fr., furent alloués aux blessés de la septième classe.

150 fr. de rentes 5 pour 100, au capital de 3,000 fr., furent alloués aux blessés de la sixième classe.

125 fr. de rentes 5 pour 100, au capital de 2,500 fr., furent alloués aux blessés de la cinquième classe.

100 fr. de rentes 5 pour 100, au capital de 2,000 fr., furent alloués aux blessés de la quatrième classe.

75 fr. de rentes 5 pour 100, au capital de 1,500 fr., furent alloués aux blessés de la troisième classe.

600 fr. de secours définitifs furent alloués aux blessés de la deuxième classe, deuxième catégorie.

300 fr. de secours définitifs furent alloués aux blessés de la deuxième classe, première catégorie.

120 fr. enfin furent alloués à tous ceux rangés dans la première classe, soit qu'ils eussent passé au jury médical, soit qu'ils fussent seulement inscrits aux mairies.

Inaliéna-
bilité des
coupons de
rentes don-
nés aux veu-
ves et aux
ascendans.

Après avoir fait cette répartition, la Commission de la Souscription a soumis chaque allocation à différentes conditions tirées de
la catégorie à laquelle elle était accordée. Ainsi les rentes allouées
aux ascendans, aux veuves, ont été frappées d'inaliénabilité pendant dix ans, dans l'espérance que cette rente, témoignage de
la reconnaissance nationale et récompense du dévouement des
victimes, resterait dans les familles, et servirait ainsi à perpétuer
le souvenir du fils, de l'époux ou du père mort pour la défense
des lois.

Cependant la Commission, prévoyant que quelques cas pourraient se présenter où il serait utile et même nécessaire de vendre
ces rentes, en a remis l'appréciation au Comité formé dans chaque
arrondissement des quatre membres les plus âgés du Bureau de
Bienfaisance et présidé par le Maire, en vertu de l'ordonnance du
25 août 1831.

Réserve des
75 francs de
rentes des or-
phelins jus-
qu'à leur ma-
jorité.

Quant aux orphelins, l'État, en ordonnant, par la loi du 13 décembre, qu'ils seraient élevés à ses frais jusqu'à l'âge de dix-huit
ans, et en leur allouant annuellement pour leur éducation une
somme de deux cent cinquante francs jusqu'à sept ans, et de sept
cents francs après cet âge, avait pourvu à tous leurs besoins, jusqu'au moment où ils entreraient dans le monde pour former un
établissement ou pour se marier.

La Commission de la Souscription a voulu qu'on réservât pour
cette époque la somme qui leur avait été allouée, et que d'ici là
les intérêts des soixante-quinze francs de rente fussent capitalisés
pour augmenter la dot qu'ils tiendraient de la munificence nationale.

La Commission a étendu encore plus loin sa sollicitude envers
les orphelins, et, comme nous le verrons plus tard, ses dernières
séances ont été consacrées à cette classe si intéressante des victimes
de juillet.

La Commission, tout en donnant des rentes aux blessés des six dernières classes, n'a pas voulu les frapper d'inaliénabilité, parce qu'elle savait qu'un grand nombre d'entre eux, privés pour jamais, par leurs blessures, de l'industrie qu'ils exerçaient, chercheraient, avec le capital, qu'ils pourraient recueillir, à fonder une nouvelle industrie et à se rendre encore utiles à la société.

Mais elle a voulu encore qu'ils fussent, jusque dans cette aliénation de leur capital, suivis par sa sollicitude, et qu'ils ne pussent être la dupe d'intrigans, qui ne rougiraient pas de trafiquer du prix du sang versé pour la patrie : d'après sa demande, MM. les agens de change de Paris, par l'organe de M. Vandermarcq, leur syndic, se sont empressés de s'offrir à en opérer gratuitement la vente.

Enfin elle a soumis à des paiemens partiels les sommes de six cents, trois cents et cent vingt francs qu'elle avait accordées aux blessés des deux premières classes. Grâce à ces secours, qu'on a commencé à leur distribuer dans le courant d'octobre 1831, nos blessés ont pu passer facilement le dernier hiver.

Les Tableaux annexés à ce Rapport font connaître les résultats de cette immense répartition. Nous y renvoyons, en nous bornant à dire ici qu'elle a été faite entre

Marginal notes: Rentes aliénables. Moyen offert aux blessés. — Indemnités de 120, 300, 600 fr.

1836	Blessés de 1re classe.	
94	Blessés de 2e classe. { 1re catégorie. } Voir le Tab. n° 6.	
298	{ 2e catégorie. }	
262	Blessés de 3e classe.	
96	Blessés de 4e classe.	
48	Blessés de 5e classe.	
74	Blessés de 6e classe. } Voir le Tableau n° 10.	
7	Blessés de 7e classe.	
8	Blessés de 8e classe.	
2723		

2723   *Report.*

259   Veuves.

366   Orphelins.   Voir le Tableau n° 10.

325   Ascendans.

198   Individus indemnisés à titre de cas exceptionnels. (Voir le Tableau, n° 7.)

77   Individus qui reçurent des coupons de rentes au même titre. (Voir le Tableau, n° 11.)

─────

3948

La Commission des Récompenses, limitée dans ses bienfaits par le texte des lois, n'avait pu soulager les infortunes qui sortaient des catégories établies par la loi du 13 décembre 1830, et, quoiqu'à regret, elle s'était bornée, en se séparant, à recommander à notre sollicitude des malheureux que les limites rigoureuses de la loi qu'elle était chargée d'appliquer avaient laissés en dehors, et qui, quoique victimes, à différens titres, des événemens de juillet, n'avaient plus d'espoir que dans la bienfaisance publique.

La Commission de la Souscription nationale s'empressa de recueillir cet héritage, et nomma dans son sein un comité, composé de MM. Reymond, Marchand, Vincent et Mortimer-Ternaux, pour l'examen de ces différens cas exceptionnels. Chaque Arrondissement, représenté par son magistrat municipal et son délégué à la Commission centrale, vint présenter ses demandes et exposer les infortunes qui restaient encore à secourir, les erreurs qu'il importait de réparer.

Elles pouvaient être rangées en six classes différentes : c'étaient des blessés qui, par une circonstance particulière, n'avaient pu passer au jury médical, ou dont les blessures s'étaient rouvertes et présentaient un caractère de gravité plus fâcheux qu'au moment

de la visite. Nous exigeâmes pour tous des certificats des médecins qui, dans le temps, avaient concouru à la formation du jury
médical, et par-là nous avons essayé de rétablir la balance entre
la gravité de la blessure et l'indemnité qui lui était accordée.

C'étaient des orphelins qui venaient d'atteindre l'âge de dix-huit
ans, et qui, quoique privés d'un père au moment où peut-être
son expérience et ses soins sont le plus nécessaires, n'avaient pu
être admis au nombre des enfans adoptés par la patrie d'après la
loi du 13 décembre, et auxquels la Commission de la Souscription
nationale, en leur accordant une somme de mille à quinze cents
francs, a donné les moyens de s'établir ou de perfectionner leur
éducation.

C'étaient des maris qui avaient vu leur compagne tomber sous le
plomb meurtrier, et qui s'étaient trouvés frappés, par cette perte
subite, dans leurs ressources domestiques et dans leurs affec-
tions.

C'étaient des veuves, des ascendans, qui n'avaient pu complète-
ment justifier que leur mari, que leur fils était mort dans les
journées de juillet, et qui se voyaient cependant, par leur dispa-
rution, réduits à la plus profonde misère.

La Commission, en leur accordant des secours, ne craignit
pas d'être abusée par de fausses déclarations. Dix-huit mois
s'étaient déjà écoulés depuis le combat, et si quelques intrigans
avaient voulu tromper notre religion, ils étaient depuis long-
temps démasqués, et même livrés à la justice.

C'étaient enfin de ces femmes qui, sans avoir fait régulariser par
le mariage leur union avec des personnes mortes en juillet, avaient
cependant, soit par leur conduite, soit par les enfans qui étaient
issus de cette union, quelques droits à notre intérêt.

La Commission a été très réservée dans la répartition à faire à
cette dernière classe, et tout en les admettant dans les cas excep-

5

tionnels, elle a voulu plutôt soulager leur infortune qu'excuser la
nature des liaisons qu'elles avaient formées.

Combien de personnes dignes du plus grand intérêt n'avons-nous
pas rencontrées dans cet examen minutieux ! Quel contentement
n'avons-nous pas éprouvé de pouvoir secourir ainsi des infortunés
que les limites de la loi avaient privés des bienfaits de l'État! Faut-il
citer cette jeune fille, nièce d'un des combattans de juillet : Jeannisson, dont le nom décore la rue témoin de son courage et de
son dévouement (1), la laissait par sa mort sans ressources,
sans abri, si la Commission de la Souscription n'avait pourvu au
soin de son éducation. Faut-il citer ce vieillard qui avait élevé avec
les soins d'un père un jeune orphelin depuis l'âge le plus tendre, et
qui se l'était vu enlever au moment où lui-même, parvenu à un
âge avancé, pouvait espérer de recevoir la récompense de ses
bienfaits? cet enfant d'un des plus courageux défenseurs de nos
droits, qui, blessé à Paris, est allé mourir dans les plaines de la
Belgique, en combattant pour l'indépendance d'un peuple ami?
enfin, ces blessés qui, après dix-huit mois de souffrances, se
sont vus, par une nouvelle aggravation de blessure, forcés de subir
une amputation, que la science de nos habiles praticiens avait espéré
pouvoir leur éviter ?

La Commission consacra un grand nombre de ses séances au
rapport du Comité chargé de l'examen des cas exceptionnels, et les
tableaux ci-annexés (1) présentent le résultat de ses travaux. On y
voit ce que chaque arrondissement, et chacune des catégories
que nous venons d'indiquer, a touché dans cette répartition.

Deux autres Comités furent, à cette époque, formés dans le
sein de la Commission : l'un, chargé de rassembler les matériaux

Formation des Comités pour l'exposé des travaux de la Commission et l'examen des comptes généraux.

(1) Autrefois rue des Boucheries-Saint-Honoré.
(2) Voir les Tableaux nᵒˢ 9 et 11.

pour l'exposé des travaux de la Commission, composé de MM. Reymond, Marchand, Mortimer-Ternaux, et Delessert, *vice-président;* l'autre, chargé de l'examen de toute la comptabilité, et composé de MM. Galland, Marchand et Reymond.

Les travaux de ces deux Commissions ont été réunis dans le présent Rapport et dans les tableaux y annexés, par les soins des rapporteurs MM. Reymond et Mortimer-Ternaux.

Après avoir passé en revue les différentes opérations auxquelles, *Frais de bureau.* pendant près de deux ans, la Commission de la Souscription nationale a eu à se livrer, après avoir seulement indiqué les nombreux détails de ses répartitions et de sa comptabilité, et surtout après avoir renvoyé aux tableaux qui accompagnent ce Rapport, pour connaître l'immensité des recherches qu'elle a eu à faire, nous devons dire un mot de la somme qui a été consacrée aux dépenses de la Commission pendant plus de deux années.

La Commission a entretenu à ses frais un employé dans les diverses mairies de Paris pendant dix-huit mois; elle a eu un Bureau central à l'Hôtel-de-Ville; ce bureau était composé de M. Blondel, chef, et de deux employés; il recevait chaque jour les réclamations, transmettait les pièces, et surveillait l'achat des rentes et les inscriptions au grand-livre des ayans-droit.

Plus de quatre millions ont été ainsi répartis en sommes minimes, en paiemens réitérés, en coupons de rentes, dont les énonciations devaient souvent être changées, parce que les réclamans s'étaient souvent trompés eux-mêmes dans la déclaration de leurs noms et de leurs prénoms.

Tous ces frais, toutes ces dépenses, y compris celles pour l'impression, l'achat des registres, papier, plumes, etc., etc., etc., se monteront environ à une somme de 25,000 francs, ce qui ne paraîtra sans doute pas exagéré pour une opération dans laquelle il a fallu tout créer.

Encore la Commission a-t-elle la satisfaction de pouvoir dire que ces dépenses ne coûtent en quelque sorte rien à la souscription, parce qu'elles peuvent être imputées sur les 65,523 francs d'intérêts retirés du placement qu'avait fait la Commission d'une partie des fonds des souscripteurs.

Les bureaux de la Préfecture nous ont souvent secondés dans nos travaux, et nous devons particulièrement témoigner notre reconnaissance à M. de Villeneuve, receveur municipal, et à M. Bouhin, chef de la comptabilité, et exprimer notre satisfaction à M. Blondel, chef du bureau des hospices.

Réserve
une partie
a fonds de
Souscrip-
on.

La Commission avait une somme fixe à distribuer; elle ne pouvait dépasser dans ses répartitions les fonds qui lui avaient été confiés; et cependant, au moment où elle adoptait les bases de son travail, elle ne pouvait en connaître les résultats d'une manière précise.

Il devait lui rester nécessairement une somme en réserve, autrement elle se serait exposée à ne pouvoir faire participer à une part égale tous les ayans-droit, et à frustrer ceux qui seraient venus les derniers d'une partie de la somme qui aurait été attribuée à leur classe.

Cette réserve, tous les ayans-droit satisfaits, tous les frais payés, se monte en ce moment à environ 140,000 francs; mais ce chiffre pourra s'augmenter encore, puisque, par un de ses derniers arrêtés, la Commission de la Souscription nationale a prononcé une déchéance finale pour tous ceux qui, au 1er janvier 1834, n'auraient pas réclamé les sommes ou les coupons de rentes qui leur ont été alloués, et ordonné qu'à cet effet toutes les sommes mises à la disposition des mairies pour le paiement des semestres et des indemnités qui n'auraient point encore été réclamés, seraient versées à la caisse de la Préfecture, au compte de chacun des ayans-droit; que les coupons de rentes qui n'auraient point été retirés seraient également déposés, et que, le 1er janvier 1834, les sommes non réclamées et les coupons non retirés par les ayans-droit seraient acquis au fonds de réserve. Ces sommes se montent aujourd'hui à 32,162 fr. 50 cent., et les coupons forment une rente de 5,080 fr. (Voir les Tableaux, nos 12 et 13.)

Différentes propositions furent faites sur l'emploi de ces fonds ; la Commission a préféré la plus simple et celle qui lui paraissait la plus équitable.

Emploi de
la réserve.

Elle s'est souvenue que la classe la plus intéressante était celle des orphelins de juillet, qui survivraient le plus long-temps à la glorieuse révolution dont leurs pères ont été les victimes, et elle a voulu augmenter encore la dot qu'elle leur avait allouée.

En effet, ces enfans, parvenus à l'âge de dix-huit ans, après avoir reçu aux frais de la patrie une éducation digne d'elle et de leur malheur, n'auront d'autre dot que celle que la sollicitude de la Commission leur aura mise en réserve, et qu'elle s'est plu à augmenter aussitôt qu'elle a été rassurée sur le sort des autres classes dont les intérêts lui étaient également confiés.

Voici le texte précis de la délibération prise le 28 avril 1832.

« Après un mûr examen, la Commission a pris les résolutions « suivantes :

« 1°. Le 1er janvier 1834, toutes les sommes et toutes les « valeurs qui n'auront point été réclamées par les ayans-droit « seront réunies au fonds commun ;

« 2°. Les sommes qui en proviendront, ainsi que les fonds restant « disponibles après la liquidation définitive, seront employées en « achat de rentes au profit des orphelins mineurs de dix-huit ans ;

« 3°. Au 1er janvier et au 1er juillet de chaque année, il sera « dressé un tableau des orphelins existans ; l'on divisera par le « nombre de ces enfans la quotité des rentes achetées, afin d'af-« fecter sa quote-part à chacun des orphelins qui, dans le courant

« du semestre précédent, auraient atteint leur dix-huitième année,
« et ce jusqu'à l'entier épuisement du fonds commun;

« 4°. M. le Préfet de la Seine sera prié de faire faire par le
« receveur municipal, et par les bureaux de la Préfecture, tous
« les transferts et autres opérations nécessaires pour l'exécution
« de ladite mesure, et de donner toute la publicité désirable aux
« dispositions du premier paragraphe;

« 5°. La Commission entend que le premier travail aura lieu
« au 1er janvier 1833; qu'on admettra les orphelins encore existans
« qui auraient atteint leur dix-huitième année depuis le 1er août
« 1830, ou les héritiers de ceux qui, ayant atteint dix-huit ans
« dans le cours du deuxième semestre de 1832, seraient morts
« avant la fin de ladite année. »

Comme on le voit, la dot de chaque orphélin augmentera en
raison de son âge; ainsi se perpétuera encore long-temps cette
œuvre qui rappelle des événemens à jamais mémorables, et qui
rapprochera encore plus, s'il est possible, de l'autorité municipale
des enfans adoptés par la patrie.

Ici se termine notre tâche. Nous avons successivement analysé
tous les actes de la Commission de la Souscription nationale; nous
avons expliqué les motifs qui l'ont dirigée dans ses nombreuses
décisions.

Après un travail de plus de deux années, nous sommes heureux
de pouvoir déclarer à la France ce que nous avons fait de tous ces
dons qui nous avaient été confiés, et de prouver que l'attention la
plus scrupuleuse a présidé à la répartition de ce trésor dont nous
étions les dépositaires et les dispensateurs.

C'est au pays à juger si nous avons bien compris notre mission
et nos devoirs; si nous avons fait un sage et digne emploi de ces
millions destinés à soulager tant d'infortunes, à secourir tant de
victimes.

DES RECETTES.

La recette générale, comme nous l'avons déjà dit, se monte, au 30 juin 1832, à une somme de 4,009,139 fr. 63 c.

Que de bourses y ont contribué! que de personnes se sont privées du nécessaire pour y apporter le tribut du pauvre! que de sacrifices ont été faits pour augmenter cette offrande de la France! La Commission regrette de ne pouvoir donner la liste de tant de généreux souscripteurs, ce qui ne serait pas le document le moins précieux de ce Rapport; mais dans les mairies, au moment où la fusillade venait de cesser, et où déjà affluait une foule de citoyens désireux de venir payer leur tribut au courage malheureux, on recevait de toutes mains, et bien souvent on n'écrivait pas les noms des donateurs. En province, des listes étaient ouvertes, et l'argent envoyé à un député, ou à une administration, qui se trouvent seuls inscrits sur le registre des recettes; et comme il faudrait nommer tous les souscripteurs, ou n'en nommer aucun, parce que le mérite est égal, et que le sacrifice est le même, la Commission s'est vue forcée, quoiqu'à regret, de ne présenter que des résultats généraux, en indiquant seulement les offrandes versées à la caisse municipale, celles reçues dans les quatorze arrondissemens du département de la Seine, celles déposées aux divers bureaux des journaux, et provenant soit des départemens, soit de Paris; enfin celles venues directement des pays étrangers.

RECETTE GÉNÉRALE.

Versemens faits directement à la Caisse municipale. (1)............	1,627,784 fr.	59 c.
Souscriptions reçues dans les quatorze arrondissemens du département de la Seine (2)...............	809,728	58
Souscriptions versées aux bureaux dés divers journaux de la capitale (3)...	1,295,143	81
Souscriptions provenant directement des pays étrangers (4).............	210,959	65
Total général de la Souscription au 30 juin 1832..............	3,943,616	63
Produit de l'intérêt du placement d'une portion des fonds de la Souscription..	65,523	»
Total général de la Recette au 30 juin 1832........................	4,009,139 fr.	63 c.

(1) Dans ce chapitre sont compris les versemens directement faits à la Caisse municipale soit par les départemens, soit par diverses administrations, soit enfin par des citoyens de Paris ou des étrangers sans désignation absolue de pays; la même observation s'applique à la recette faite par les journaux.

(2) Tableau N° 1.

(3) Tableau N° 2.

(4) Dans cette somme l'Angleterre se trouve comprise pour 156,208 fr., et les États-Unis d'Amérique pour 48,512 fr. 90 c.

SOUSCRIPTIONS

REÇUES DANS LES QUATORZE ARRONDISSEMENS DU DÉPARTEMENT
DE LA SEINE.

N° 1.

ARRONDISSEMENS.	MONTANT.	OBSERVATIONS.
Ier	72,289 fr. 75 c.	
IIe	240,973 52	
IIIe	43,824 65	
IVe	71,443 32	
V^e	36,069 72	
VIe	42,751 23	
VIIe	29,107 90	
VIIIe	34,312 47	
IXe	24,422 75	
X^e	73,667 »	
XIe	38,034 52	
XIIe	28,202 43	
XIIIe (Saint-Denis)	38,828 60	
XIVe (Sceaux)	35,800 72	
	809,728 fr. 58 c.	

SOUSCRIPTIONS

VERSÉES AUX BUREAUX DES JOURNAUX.

N° 2.

JOURNAUX.	MONTANT.	OBSERVATIONS.
LE CONSTITUTIONNEL	1,027,431 fr. 48 c.	
LE COURRIER......	84,857 10	
LE NATIONAL......	75,048 05	
LE JOURNAL DES DÉ-BATS...........	60,151 35	
LE TEMPS........	22,394 55	
LE JOURNAL DU COM-MERCE.........	17,294 08	
LE GLOBE........	5,180 20	
LA GAZETTE DES TRI-BUNAUX........	2,787 »	
	1,295,143 fr. 81 c.	

DES DÉPENSES.

L'exposé historique qui précède a traité des différentes Dépenses qui ont été faites pour le compte de la Souscription.

On peut les diviser en quatorze catégories,

SAVOIR:

1°. Payé pour premiers secours par les quatorze arrondissemens du département de la Seine, de juillet à octobre 1830 (1). . . 457,614 fr. 38 c.

2°. Payé, *idem idem,* par les journaux (2).. 247,688 25

3°. Payé, *idem idem,* par la Préfecture. . . 31,104 15

4°. Payé sur les ordres de la Commission centrale pour secours d'urgence. 4,554 80

5°. Payé pour frais d'ambulances et d'hospices. 19,924 99

6°. Payé pour la maison de convalescence de Saint-Cloud (3). 86,705 10

7°. Payé pour envoi des blessés aux eaux (4). 22,915 30

8°. Payé pour indemnités accordées, à l'occasion de l'anniversaire de juillet 1831, à 2,609 blessés (5). . . . . 127,865 »

9°. Payé pour habillemens accordés à 1,282 blessés décorés pour le même anniversaire (6). . . . . 76,383 »

Reporté. . . . . . 1,074,754 fr. 97 c.

_____

(1) Tableau N° 3.

(2) Tableau N° 4.

(3) 4,858 fr. 35 c. étaient encore dus pour ce service au 30 juin 1832.

(4) Voir la liste à la fin du Rapport.

(5) Tableau N° 5.

(6) Tableau N° 5.

Report. . . . . . . 1,074,754 fr. 97 c.

10°. Payé pour indemnités définitives à

1,836 Blessés de 1re classe. . . 216,730 ⎫
   94 Blessés de 2e classe,   ⎬ 422,845   » (1)
     1re catégorie. . . . . 27,900 ⎪
298 Blessés *idem*, 2e *id*. . . . 178,215 ⎭

198 Individus admis à titre de cas exceptionnels. 83,090   » (2)

11°. Payé pour semestres échus au moment
 de la remise des titres à

321 Ascendans. . . . . . . 8,025 » ⎫
264 Veuves. . . . . 9,900 » ⎪
356 Orphelins. . . . . . 13,350 » ⎪
262 Blessés de 3e classe. . 9,825 » ⎪
 95 Blessés de 4e classe. . 4,750 » ⎬ 55,687   50 (3)
 47 Blessés de 5e classe. . 2,950 » ⎪
 73 Blessés de 6e classe. . 5,475 » ⎪
  7 Blessés de 7e classe. .   612 50 ⎪
  8 Blessés de 8e classe. .   800 » ⎭

 57 Individus admis aux cas exceptionnels 1,590   » (4)

12°. Payé pour achat de 119,323 fr. de
 rentes 5 pour %. 2,271,156 21 (5)

13°. Payé pour frais divers et de bureau. . . 3,736   65

14°. Payé pour traitemens d'employés. . . . 11,737   65
_____

Total général de la Dépense au 30 juin 1832. 3,924,597 fr. 98 c.

_____

(1) Tableau N° 6.
(2) Tableau N° 7.
(3) Tableau N° 8.
(4) Tableau N° 9.
(5) Voir, pour l'emploi, les États N°s 10 et 11.

DISTRIBUTION

DES SECOURS D'URGENCE FAITE DANS LES QUATORZE ARRONDISSEMENS
DU DÉPARTEMENT DE LA SEINE, DE JUILLET A OCTOBRE 1830.

N° 3.

ARRONDISSEMENS.	MONTANT.		OBSERVATIONS.
Iᵉʳ	23,850 fr.	99 c.	
IIᵉ.................	63,097	75	
IIIᵉ..............	32,138	40	
IVᵉ................	53,824	41	
Vᵉ...............	33,935	20	
VIᵉ..............	42,958	80	
VIIᵉ..............	27,336	61	
VIIIᵉ.............	27,595	28	
IXᵉ...............	27,593	70	
Xᵉ................	29,701	45	
XIᵉ..............	27,117	20	
XIIᵉ..............	26,013	10	
XIIIᵉ (Saint-Denis)...	10,015	85	
XIVᵉ (Sceaux)......	32,435	64	
	457,614 fr.	38 c.	

DISTRIBUTION

DES SECOURS D'URGENCE FAITE PAR LES JOURNAUX, DE JUILLET A
OCTOBRE 1830.

N° 4.

JOURNAUX.	MONTANT.	OBSERVATIONS.
Le Constitutionnel.	245,098 fr. 25 c.	
Le National......	2,540 »	
Le Temps.........	50 »	
	247,688 fr. 25 c.	

INDEMNITÉS ET HABILLEMENS

ACCORDÉS A L'OCCASION DE L'ANNIVERSAIRE DE JUILLET 1831.

N° 5.

ARRONDISSEMENS.	NOMBRE des INDIVIDUS indemnisés.	MONTANT.	NOMBRE des INDIVIDUS habillés.	MONTANT.	OBSERVATIONS.
		Francs.		Fr. Cent.	
Ier............	134	6,700	78	4,680 »	
IIe............	240	10,455	122	7,278 50	
IIIe............	167	8,350	73	4,046 »	
IVe............	241	12,050	126	7,560 »	
Ve............	232	11,600	104	6,010 35	
VIe............	177	8,850	83	4,980 »	
VIIe............	203	10,100	82	4,920 »	
VIIIe............	245	12,150	103	6,060 50	
IXe............	174	8,700	93	5,797 50	
Xe............	180	9,000	92	5,520 »	
XIe............	140	6,200	62	3,669 75	
XIIe............	251	12,460	103	6,180 »	
XIIIe (St.-Denis).	129	6,450	73	4,380 »	
XIVe (Sceaux)...	96	4,800	88	5,300 40	
	2,609	127,865	1,282	76,383 »	

INDEMNITÉS DÉFINITIVES

ACCORDÉES AUX DIVERS AYANS-DROIT PAR ARRONDISSEMENT.

N° 6.

ARRONDISSEMENS.	NOMBRE des BLESSÉS de 1re Classe, à 120 fr.	MONTANT.	NOMBRE des BLESSÉS de 2e Classe, 1re Catégorie, à 300 fr.	MONTANT.	NOMBRE des BLESSÉS de 2e Classe, 2e Catégorie, à 600 fr.	MONTANT.	TOTAL.	OBSERVATIONS.
		Fr.		Fr.		Fr.	Fr.	
Ier......	97	11,370	5	1,500	12	7,200	20,070	
IIe.....	142	16,510	2	600	22	12,600	29,710	
IIIe....	110	13,200	3	900	17	10,200	24,300	
IVe....	174	20,880	10	3,000	16	9,600	33,480	
Ve.....	142	16,460	5	1,500	21	12,600	30,560	
VIe....	91	10,010	6	1,800	23	13,800	25,610	
VIIe...	112	13,440	7	2,100	30	18,025	33,565	
VIIIe.	180	21,600	11	3,300	23	13,800	38,700	
IXe....	196	22,420	6	1,800	25	15,000	39,220	
Xe.....	108	12,870	6	1,800	27	16,200	30,870	
XIe....	151	18,040	10	2,950	29	17,390	38,380	
XIIe...	167	20,040	18	5,150	28	16,800	41,990	
XIIIe.	97	11,610	1	300	14	8,400	20,310	
XIVe..	69	8,280	4	1,200	11	6,600	16,080	
	1,836	216,730	94	27,900	298	178,215	422,845	

INDEMNITÉS DÉFINITIVES

ACCORDÉES A DIVERS INDIVIDUS ADMIS A TITRE DE CAS EXCEPTIONNELS.

Nº 7.

ARRONDISSEMENS.	NOMBRE D'INDIVIDUS ADMIS A TITRE de cas exceptionnels	MONTANT.	OBSERVATIONS.
		Francs.	
Ier	9	7,900	
IIe	8	6,650	
IIIe	12	3,680	
IVe	9	4,200	
Ve	13	6,000	
VIe	14	5,300	
VIIe	23	6,850	
VIIIe	17	6,110	
IXe	36	11,050	
Xe	9	4,250	
XIe	23	8,200	
XIIe	9	5,220	
XIIIe (Saint-Denis) . .	13	7,005	
XIVe (Sceaux) . . .	3	675	
	198	83,090	

N° 8.

PAIEMENS DU SÉMESTRE DE RENTES ÉCHU AUX DIVERS AYANS-DROIT PAR ARRONDISSEMENT.

ARRONDISSEMENS.	VEUVES.	MONTANT.	ORPHELINS.	MONTANT.	ASCENDANS.	MONTANT.	BLESSÉS de 3e CLASSE.	MONTANT.	BLESSÉS de 4e CLASSE.	MONTANT.	BLESSÉS de 5e CLASSE.	MONTANT.	BLESSÉS de 6e CLASSE.	MONTANT.	BLESSÉS de 7e CLASSE.	MONTANT.	BLESSÉS de 8e CLASSE.	MONTANT.	TOTAL.	OBSERVATIONS.
Ier	13	487 50	29	1,087 50	22	550	17	637 50	4	200	2	137 50	3	225	»	»	3	300	3,625 »	
IIe	12	450 »	10	375 »	25	625	26	975	12	600	3	187 50	7	525	»	»	»	»	3,737 50	
IIIe	16	600 »	16	600 »	27	675	20	750	6	300	2	125	4	300	3	262 50	»	»	3,612 50	
IVe	27	1,012 50	25	937 50	28	700	20	750	11	550	4	250	6	450	»	»	1	100	4,750 »	
Ve	19	712 50	28	1,050 »	20	500	17	637 50	8	400	8	500	9	675	»	»	1	100	4,575 »	
VIe	30	1,125 »	43	1,612 50	37	925	27	1,012 50	14	700	2	125	5	375	»	»	»	»	5,875 »	
VIIe	17	637 50	26	975 »	25	625	21	787 50	11	550	7	437 50	5	375	»	»	»	»	4,387 50	
VIIIe	27	1,012 50	37	1,387 50	26	650	20	750	10	500	1	62 50	8	600	»	»	»	»	4,962 50	
IXe	18	675 »	27	1,012 50	28	700	19	712 50	6	300	2	125	6	450	2	175	2	200	4,350 »	
Xe	29	1,087 50	29	1,087 50	30	750	24	900	5	250	3	187 50	6	450	»	»	»	»	4,712 50	
XIe	9	337 50	5	187 50	10	250	14	525	3	150	2	125	1	75	1	87 50	»	»	1,737 50	
XIIe	24	900 »	38	1,425 »	21	525	17	637 50	3	150	4	250	12	900	»	»	»	»	4,887 50	
XIIIe (St.-Denis)	12	450 »	21	787 50	9	225	13	487 50	2	100	3	187 50	1	75	»	»	1	100	2,312 50	
XIVe (Sceaux)	11	412 50	22	825 »	13	325	7	262 50	»	»	4	250	»	»	1	87 50	»	»	2,162 50	
	264	9,900 »	356	13,350 »	321	8,025 »	262	9,825 »	95	4,750 »	47	2,950 »	73	5,475 »	7	612 50	8	800 »	55,687 50	

PAIEMENS

DU SEMESTRE DE RENTES ÉCHU AUX INDIVIDUS ADMIS A TITRE DE CAS EXCEPTIONNELS.

N° 9.

ARRONDISSEMENS.	VEUVES.	MONTANT.	ORPHELINS.	MONTANT.	ASCENDANS.	MONTANT.	BLESSÉS.	MONTANT.	NOMBRE DES INDIVIDUS.	TOTAL.	OBSERVATIONS.
		fr. c.		fr. c.		fr. c.		fr. c.		fr. c.	
....	2	57 50	1	25 »	»	» »	»	» »	3	82 50	
....	»	» »	»	» »	»	» »	»	» »	»	» »	
....	1	20 »	7	162 50	5	125 »	1	37 50	14	345 »	
....	3	90 »	8	247 50	»	» »	»	» »	11	337 50	
....	3	90 »	4	95 »	»	» »	»	» »	7	185 »	
....	»	» »	1	37 50	2	50 »	»	» »	-	87 50	
I°..........	»	» »	»	» »	»	» »	»	» »	»	» »	
II°..........	»	» »	»	» »	»	» »	»	» »	»	» »	
....	3	77 50	3	75 »	»	» »	»	» »	6	152 50	
....	2	50 »	5	200 »	»	» »	»	» »	7	250 »	
....	1	25 »	1	25 »	»	» »	»	» »	2	50 »	
I°..........	»	» »	»	» »	»	» »	»	» »	»	» »	
II° (St.-Denis).	»	» »	»	» »	»	» »	»	» »	»	» »	
V° (Sceaux)..	2	50 »	»	» »	2	50 »	»	» »	4	100 »	
	17	460 »	30	867 50	9	225 »	1	37 50	57	1,590 »	

INSCRIPTIONS DE RENTES ACCORDÉES AUX DIVERS AYANS-DROIT PAR ARRONDISSEMENT.

No 10.

ARRONDISSEMENS	VEUVES à 75 fr.		ORPHELINS à 75 fr.		ASCENDANS à 50 fr.		BLESSÉS 3e CLASSE, à 75 fr.		BLESSÉS 4e CLASSE, à 100 fr.		5e CLASSE, à 125 fr.		6e CLASSE, à 150 fr.		7e CLASSE, à 175 fr.		8e CLASSE, à 200 fr.		TOTAL PAR ARRONDISSEMENT des		OBSERVATIONS.
	NOMBRE.	MONTANT des rentes.	NOMBRE.	MONTANT des rentes.	NOMBRE.	MONTANT des rentes.	NOMBRE.	MONTANT des rentes.	NOMBRE.	MONTANT des rentes.	NOMBRE.	MONTANT des rentes.	NOMBRE.	MONTANT des rentes.	NOMBRE.	MONTANT des rentes.	NOMBRE.	MONTANT des rentes.	AYANS-DROIT.	RENTES délivrées.	
Ier.	13	975	29	2,175	23	1,150	17	1,275	5	500	2	250	3	450	»	»	3	600	95	7,375	
IIe.	12	900	10	750	25	1,250	25	1,875	12	1,200	3	375	7	1,050	»	»	»	»	94	7,400	
IIIe.	16	1,200	16	1,200	27	1,350	19	1,425	6	600	2	250	4	600	3	525	»	»	93	7,150	
IVe.	27	2,025	25	1,875	28	1,400	20	1,500	11	1,100	4	500	6	900	»	»	1	200	122	9,500	
Ve.	18	1,350	31	2,325	20	1,000	17	1,275	8	800	9	1,125	9	1,350	»	»	»	»	113	9,425	
VIe.	30	2,250	45	3,375	37	1,850	27	2,025	14	1,400	2	250	5	750	»	»	1	200	160	11,900	
VIIe.	17	1,275	25	1,875	27	1,350	21	1,575	11	1,100	7	875	5	750	»	»	»	»	113	8,800	
VIIIe.	27	2,025	39	2,925	28	1,400	20	1,500	10	1,000	1	125	8	1,200	»	»	»	»	132	10,125	
IXe.	17	1,275	29	2,175	31	1,550	19	1,425	6	600	2	250	6	900	2	350	»	»	111	8,775	
Xe.	26	1,950	28	2,100	12	600	25	1,875	5	500	3	375	6	900	»	»	2	400	124	9,250	
XIe.	9	675	5	375	22	1,100	15	1,125	3	300	2	250	1	150	1	175	»	»	48	3,650	
XIIe.	23	1,725	39	2,925	9	450	17	1,275	3	300	4	500	13	1,950	»	»	1	200	122	9,995	
XIIIe (St.-Denis).	13	975	22	1,650	9	450	13	975	2	200	3	375	1	150	»	»	»	»	63	4,775	
XIVe (Sceaux).	11	825	23	1,725			7	525			4	500	»	»	1	175	»	»	55	4,200	
	259	19,425	366	27,450	325	16,250	262	19,650	96	9,600	48	6,000	74	11,100	7	1,225	8	1,600	1,445	112,300	

INSCRIPTIONS

DE RENTES ACCORDÉES AUX INDIVIDUS ADMIS A TITRE DE CAS
EXCEPTIONNELS.

N° 11.

ARRONDISSEMENS.	VEUFS ET VEUVES.		ORPHELINS.		ASCENDANS.		BLESSÉS.		TOTAL par arrondissement des		OBSERVATIONS.
	Nombre.	Montant des Rentes.	Nombre.	Montant des Rentes.	Nombre.	Montant des Rentes.	Nombre.	Montant des Rentes.	Individus admis.	Rentes délivrées.	
Iᵉʳ............	2	115	1	50	»	»	»	»	3	165	
IIᵉ............	»	»	»	»	»	»	»	»	»	»	
IIIᵉ............	1	40	7	280	5	250	1	75	14	645	
IVᵉ............	3	180	8	495	»	»	»	»	11	675	
Vᵉ............	4	215	4	190	»	»	»	»	8	405	
VIᵉ............	»	»	»	»	2	100	»	»	2	100	
VIIᵉ............	1	75	»	»	1	50	»	»	2	125	
VIIIᵉ............	»	»	»	»	1	50	»	»	1	50	
IXᵉ............	6	330	4	80	»	»	»	»	10	410	
Xᵉ............	2	100	5	400	1	50	»	»	8	550	
XIᵉ............	2	110	3	185	»	»	1	50	6	345	
XIIᵉ............	»	»	1	50	»	»	»	»	1	50	
XIIIᵉ (St.-Denis).	1	50	5	250	»	»	»	»	6	300	
XIVᵉ (Sceaux)...	2	100	»	»	2	100	»	»	4	200	
Nantes............	1	75	»	»	»	»	»	»	1	75	
	25	1,390	38	1,980	12	600	2	125	77	4,095	

RÉSUMÉ DU COMPTE DES RENTES.

Le montant des rentes 5 pour g achetées par la Commission de la Souscription nationale s'élevait, le 30 juin 1832, à...................... 119,323 fr.
Sur cette somme elle a délivré,

SAVOIR :

A 1,445 ayans-droit............. 112,300 f.
A 77 individus admis à titre de cas exceptionnels............. 4,095 } 116,395

Total des rentes délivrées... 116,395 fr.

Solde restant disponible au 30 juin 1832..... 2,928 fr.

RÉSUMÉ DU COMPTE GÉNÉRAL.

La recette générale s'est élevée, jusqu'au
  30 juin 1832, à..................... 4,009,139 fr. 63 c.
La dépense générale s'est élevée, jusqu'au
  30 juin 1832, à..................... 3,924,597   98

Le solde, à cette époque, est de.......... 84,541 fr. 65 c.

Représentés par le solde à
  la caisse municipale, de 52,139 fr. 2 c.
Idem, dû par les Mairies, 15,584   70
Somme due par M. Salle-
  ron aîné, ancien maire
  du XII° arrondisse-
  ment (1)........... 16,817   93

Somme égale.,.... 84,541 fr. 65 c.

Il faut ajouter à cette somme 2,928 francs de rentes, formant
le solde des 119,323 francs.

Ces rentes et les 84,541 francs 65 centimes doivent être employés au profit des Orphelins, conformément à l'arrêté de la
Commission, en date du 28 avril 1832.

Ce restant variera pourtant encore, parce qu'on aura diverses
dépenses à solder, et quelques rentrées à opérer.

---

(1) L'autorité municipale poursuit judiciairement le recouvrement de cette somme,
dans l'intérêt de la Souscription nationale.

ANNEXE

AU COMPTE-RENDU DE LA COMMISSION.

TROISIÈME TRIMESTRE DE 1832.

RECETTES.

Le solde de compte, au 30 juin 1832,
était de................ 84,541 f. 65 c. ⎫
Depuis cette époque, on a reçu de ⎬ 86,097 f. 55 c.
nouvelles souscriptions.......... 1,555 90 ⎭

DÉPENSES.

Du 30 juin au 30 septembre, il a été
dépensé, pour achat de 3,000 fr.
de rentes 5 pour ⁰⁄₀........... 59,370 f. » ⎫
Pour divers frais de bureau à la
Préfecture et aux Mairies, selon ⎬ 67,614 35
les décisions de la Commission.. 6,721 85
Pour secours à divers.......... 1,472 50
Payé au sous-préfet de Saint-Denis,
pour solde à un blessé........ 50 » ⎭

Reste, au 30 septembre 1832............ 18,483 f. 20 c.
Représentés par   539 fr. 97 c. à la Caisse municipale.
                16,817 93 dus par M. Salleron aîné.
                 1,125 30 dus par le XIᵉ arrondissement.

Somme égale.. 18,483 fr. 20 c.
A laquelle somme il faut ajouter les rentes existantes au
30 juin 1832.. 2,928 f.
Idem, nouvellement achetées........................... 3,000

Total des Rentes, au 30 septembre 1832........ 5,928 f.

N° 12.

SOMMES DÉPOSÉES A LA CAISSE DE LA PRÉFECTURE DU DÉPARTEMENT DE LA SEINE,

ET QUI DOIVENT ETRE RETIRÉES PAR LES DIVERS AYANS-DROIT AVANT LE PREMIER JANVIER 1834, SOUS PEINE DE DÉCHÉANCE.

DÉSIGNATION DES ARRONDISSEMENS.	INDEMNITÉS ET SECOURS DÉFINITIFS. Blessés de 1re Classe. Nombres.	Montant.	1re Catégorie. Nombre.	Montant.	2e Catégorie. Nombre.	Montant.	SEMESTRES DE RENTES. 3e classe. Nombre.	Montant.	4e classe. Nombre.	Montant.	5e classe. Nombre.	Montant.	TOTAL. Nombre.	Montant.	VEUVES. Nombre.	Montant.	ORPHELINS. Nombre.	Montant.	ASCENDANS. Nombre.	Montant.	TOTAL. Nombre.	Montant.
Ier	7	840	»	»	»	»	»	»	»	»	»	4	100	»	37 50	»	»	»	»	8	877 50
IIe	13	1,510	»	225	5	2,362 50	»	»	3	75	»	37 50	»	37 50	»	»	»	22	3,992 50
IIIe	4	315	»	»	»	»	»	»	3	75	»	37 50	»	»	11	1,417 50
IVe	8	600	1	225	1	1,090	»	»	3	75	»	37 50	»	»	14	1,437 50
Ve	»	»	»	»	»	»	»	»	»	»	»	»	»	»	»	»
VIe	»	»	»	»	»	»	1	37 50	»	»	»	75	»	»	2	62 50
VIIe	8	630	1	200	»	175	»	»	3	75	»	»	»	»	15	1,155
VIIIe	»	»	»	»	»	»	»	»	»	»	»	»	»	»	»	»
IXe	48	5,640	1	»	1	450	»	»	3	75	»	»	»	37 50	58	6,127 50
Xe	4	210	2	1,200	2	1,200	»	75	2	50	»	187 50	»	»	11	1,597 50
XIe	62	7,300	»	»	»	»	1	75	3	75	»	»	»	»	69	7,500
XIIe	»	»	»	»	»	»	1	50	»	»	»	»	»	»	»	»
XIIIe (St-Denis)	3	210	1	1,300	»	»	»	50	1	25	»	»	»	»	6	200
XIVe (Sceaux)	20	2,120	1	»	1	600	1	37 50	3	75	»	37 50	»	»	24	3,170
Total	176	19,275	37	25,146,377 50	14	6,377	2	75	7	262 50	8	300	234	27,790

CAS EXCEPTIONNELS.

VEUVES ET VEUFS. Nombre.	Montant.	ORPHELINS‑DESCEND. Nombre.	Montant.	ASCENDANS. Nombre.	Montant.	TOTAL. Nombre.	Montant.	INDEMNITÉS. Nombre.	Montant.	TOTAL GÉNÉRAL DES VERSEMENS. Nombre.	Montant.	OBSERVATIONS.
2	57 50	1	25	»	»	3	82 50	2	1,200	13	2,160	"
»	»	»	»	»	»	»	»	»	»	22	3,992 50	"
»	»	4	100	»	5	125	»	»	23	2,380	"
»	»	»	»	»	»	2	700	14	1,437 50	"
»	»	»	»	»	»	»	»	»	»	"
»	»	»	»	»	»	»	»	2	62 50	"
»	»	»	»	»	»	2	700	17	1,855	"
»	»	»	»	»	»	»	»	»	»	"
3	77 50	»	»	»	3	77 50	5	1,050	58	7,255	1
»	»	»	»	»	»	»	»	11	1,597 50	"
»	»	»	»	»	»	2	300	69	7,800	1
»	»	»	»	»	»	»	»	6	200	"
»	»	»	»	»	»	»	»	4	272 50	"
»	»	»	»	»	1	100	25	3,170	1
5	135	5	125	5	125	16	422 50	14	4,050	264	33,162 50	

RÉCAPITULATION.

Pour semestres de rentes ordinaires.....	3,122 fr. 50 c.
Pour idem de rentes à titre de cas exceptionnels....	423 50
Pour indemnités et secours.....	26,377 50
Pour idem à titre de cas exceptionnels..........	4,050
Total...........	**33,162 fr. 50 c.**

1,735 fr.

30,427 50

N° 13.

INSCRIPTIONS DÉPOSÉES A LA CAISSE DE LA PRÉFECTURE DE LA SEINE,

ET QUI DOIVENT ÊTRE RETIRÉES PAR LES DIVERS AYANS-DROIT AVANT LE 1er JANVIER 1834, SOUS PEINE DE DÉCHÉANCE.

DÉSIGNATION des ARRONDISSEMENS.	AYANS-DROIT VEUVES Nombre	Montant	ORPHELINS Nombre	Montant	ASCENDANS Nombre	Montant	BLESSÉS 3e Classe Nombre	Montant	4e Classe Nombre	Montant	5e Classe Nombre	Montant	TOTAL Nombre	Montant	CAS EXCEPTIONNELS VEUVES Nombre	Montant	ORPHELINS Nombre	Montant	ASCENDANS Nombre	Montant	BLESSÉS Nombre	Montant	TOTAL Nombre	Montant	TOTAL GÉNÉRAL des Ayans-droit	Reste déposées	OBSERVATIONS.
Ier	1	75	»	»	2	100	»	»	1	100	»	»	4	275	1	75	»	»	»	»	»	»	1	75	5	350	
IIe	»	»	1	75	4	200	»	»	»	»	»	»	5	275	»	»	»	»	»	»	»	»	»	»	5	275	
IIIe	1	75	»	»	5	250	»	»	»	»	»	»	6	325	»	»	1	50	5	250	1	75	7	375	13	700	
IVe	2	150	»	»	4	200	»	»	»	»	»	»	6	350	»	»	»	»	»	»	»	»	»	»	6	350	
Ve	»	»	3	225	»	»	1	75	»	»	1	125	5	425	1	75	»	»	»	»	»	»	1	75	6	500	Sur ces 5,080 fr. d'Inscriptions de rentes déposées, 1,430 f. doivent être annulés par suite de double emploi, et transférés au compte des Orphelins.
VIe	»	»	2	150	2	100	1	75	»	»	»	»	5	325	»	»	»	»	»	»	»	»	»	»	5	325	
VIIe	»	»	1	75	3	150	1	75	»	»	»	»	5	300	1	75	»	»	1	50	»	»	2	125	7	425	
VIIIe	»	»	2	150	»	»	»	»	»	»	»	»	2	150	»	»	»	»	1	50	»	»	1	50	3	200	
IXe	»	»	3	225	1	50	1	75	»	»	»	»	5	350	»	»	4	80	»	»	»	»	4	80	9	430	
Xe	»	»	4	300	3	150	1	75	»	»	»	»	8	525	»	»	»	»	»	»	»	»	»	»	8	525	
XIe	1	75	»	»	1	50	1	75	»	»	»	»	3	200	»	»	»	»	»	»	»	»	»	»	3	200	
XIIe	1	75	1	75	3	150	»	»	»	»	»	»	5	300	»	»	1	50	»	»	»	»	1	50	6	350	
XIIIe (Saint-Denis)	»	»	1	75	1	50	1	75	»	»	»	»	3	200	»	»	»	»	»	»	»	»	»	»	3	200	
XIVe (Sceaux)	»	»	1	75	2	100	»	»	»	»	»	»	3	175	»	»	»	»	»	»	»	»	»	»	3	175	
Nantes	1	75	»	»	»	»	»	»	»	»	»	»	1	75	»	»	»	»	»	»	»	»	»	»	1	75	
	8	600	19	1,402	31	1,550	6	450	1	100	1	125	66	4,250	3	325	6	180	7	350	1	75	17	830	83	5,080	

LISTE DES BLESSÉS DE JUILLET

ENVOYÉS AUX EAUX DE BOURBONNE, BARÉGES, MONT-D'OR ET NÉRIS.

Noms des blessés.	Désignation des eaux.	Noms des blessés.	Désignation des eaux.
Cortes	Bourbonne.	Hinet	Bourbonne.
Marsil	Idem.	Énaux	Idem.
Leporcher	Idem.	Giberts	Idem.
Guillier	Idem.	Foursin	Idem.
Naré	Idem.	Moutardier	Idem.
Tirebac	Idem.	Radiguel	Baréges.
Bourgault	Idem.	Angoulevant	Bourbonne.
Leblond	Idem.	Pruvot	Idem.
Beguin	Idem.	Dupuis	Idem.
Gougibus	Idem.	Montessuy	Idem.
Consigny	Idem.	Prouteau	Idem.
Moreau	Idem.	Samin	Idem.
Gautier	Idem.	Gravey	Idem.
Fonchain	Idem.	Mutelle	Idem.
Grenier	Idem.	Cana	Idem.
Poque	Baréges.	Jeanniot	Idem.
Quillier	Bourbonne.	Mennier	Idem.
Roux	Idem.	Truffier	Idem.
Lahollande	Idem.	Crottet	Idem.
Moreau jeune	Idem.	Velliger	Idem.
Moreau (Louis)	Idem.	Kramel	Idem.
Memé	Idem.	Maubray	Idem.
Burtaire	Idem.	Michel	Idem.
Lavialle	Idem.	Delaune	Idem.
Cardin	Idem.	Julien	Idem.
Rigault	Idem.	Blanc	Idem.
Daubanton	Idem.	Levallois (mademoiselle)	Néris.
Boissonnade	Idem.	Pepin	Bourbonne.
Candelier	Idem.	Denis	Idem.
Truck	Idem.	Goumy	Idem.
Focard	Idem.	Munier	Idem.
Lespinasse	Idem.	Bonazzi	Idem.
Mercou	Idem.	Poard	Idem.
Lafosse	Baréges.	Cieutat	Baréges.
Sarrat	Bourbonne.	Hurau	Bourbonne.
Miquel	Idem.	Frétigny	Idem.
Levanfre	Idem.	Pavelack	Idem.
Bailly	Idem.	Burckel	Idem.
Leymeric	Mont-d'Or.	Delacombe	Idem.
Jouvet	Bourbonne.	Nardin	Idem.
Ferlet	Idem.	Boudeville	Idem.

LISTE NOMINATIVE DES BLESSÉS

DE Ire ET IIe CLASSE AUXQUELS IL A ÉTÉ ALLOUÉ DES INDEMNITÉS DÉFINITIVES.

Ier ARRONDISSEMENT.

BLESSÉS DE Ire CLASSE.

Aboudalker (*Joseph*).
Alban (*Claude*).
Ancelin (*Jean-Barthélemy*).
Bador (*Jean-Antoine*).
Bailly (*Jean-René*).
Barbier (*Alexis-François*).
Barbin (*Pierre-François*).
Baudouin (*Alexandre-Páris*).
Bertrand (*Claude-François*).
Beury (*Alexandre-Antoine*).
Blandin (*Joseph*).
Bourset (*Joseph*).
Boursin de Méry (*François*).
Brandon (*Joseph*).
Chollet (*René*).
Clément (*Jean-Baptiste*).
Collet (*Pierre*).
Collignon (*Louis*).
Collot (*Charles*).
Crétenant (*Étienne*).
D'Acéto (*Jean-Pierre*).
Davarand (*François-Pierre*).
Dax (*André*).
Delavigne (*Marie-Catherine* Lamarre, veuve).
Denise (*Jean-Baptiste*).
Deron (*Jean-François*).
Desgodin (*Louis-Alexandre*).
Félix (*Jules-Émile*).
Fleury (*Jean-Baptiste*).
Florange (*Guillaume*).
Flot (*Pierre*).
Foulon (*Matthieu*).
Frechon (*Hippolyte*).
Galland (*Jean-Charles*).
Gallerand (*Antoine*).
Garrie (*Antoine-Éloy*).
Gavier (*Louis-Charles*).

Genest (*Jacques*).
Genot (*Alexandre*).
Germain (*Constant-Louis*).
Gire (*Charles-Joachim*).
Gleitz (*André*).
Godfroy (*Jacques-Louis*).
Godey (*Jean-Baptiste*).
Godin (*Joseph-Nicolas*).
Guittard (*Nicolas*).
Guimbal (*Guillaume*).
Hardy (*Jean*).
Hennequin (*Jean*).
Hubert (*Charles*).
Humbert (*Ponce*).
Jeannot (*André-Joseph*).
Launay (*Pierre*).
Laurent (*Charles*).
Lechargnat (*Jean-Martin*).
Leclerc (*Nicolas*).
Lécluse (*Pierre-Gilles*).
Léger (*François-Guillaume*).
Léger (*Charles*).
Lemaire (*Jean-Baptiste*).
Leroy (*Jean-François*).
Lolivielle (*Jean-Pierre*).
Macé (*Louis-Antoine*).
Mallet (*Michel*).
Mignot (*Isidore-Emmanuel*).
Maréchal (*Comain*).
Millet (*Philippe-Joseph*).
Mocquant (*François-Joseph*).
Montenat (*Pierre-Janvier*).
Pinteur (*Léonard*).
Pécot (*François*).
Pépin (*Huguet-Claude*).
Pépin *dit* Bellemont (*Jean-Baptiste-André*).
Plat (*Pierre*).
Poirier (*Jean-Baptiste*).
Porte (*Pierre*).

Quémard (*Jean-Charles*).
Ratillon (*Alexandre*).
Riquet (*Bonaventure*).
Robin (*Marie-Victor*).
Roussel.
Royer (*Étienne*).
Saint-Aubert (*Adolphe-Benoît-Joseph*).
Sidot (*Dominique*).
Thevelin (*Charles-Napoléon*).
Thibert (*Edme*).
Vacquery (*Étienne*).
Vasseur (*Louis-Antoine*).
Warcolier (*Nicolas*).
Gayet (*Jean-Antoine*).
Moriset (*Jean*).
Rabuteau (*Jules*).
Rondonnet (*Étienne*).
Riel (*Pierre*).
Riquet (*Bonaventure*).
Testa (*Hyacinthe*).

BLESSÉS DE IIᵉ CLASSE.

1ʳᵉ CATÉGORIE.

Chevrier (*Claude*).
Deschez (*Pierre-Louis*).
Lainé (*Jean-Baptiste*).

Monnier (*Jean-Louis*).
Ribet (*Michel-Joseph*).

IIᵉ CATÉGORIE.

Balmet (*René*).
Chapon (*Jean-Baptiste-Noël*).
Coulon (*Louis*).
Dallisson (*Jacques-Marie*).
David (*Louis-Joseph-Alphonse*).
Debry (*Didier*).
Duché (*Salange-Marie*).
Labarre (*Louis-Victor-Joseph*).
Martin (*Geneviève-Pierrette* Groux, veuve).
Moiton (*Hubert-Alexis*).
Thiry (*Pierre-Joseph*).
Tissandier (*Millon-Joseph*).

CAS EXCEPTIONNELS.

Labrut (*Louise-Marie*).
Labrut (*Louis-Adolphe*).
Moiton.
Martin (femme).
Debry (*Didier*).
Lebaron (demoiselle).
Ramée.
Ferlet.
D'Hiver.

IIᵉ ARRONDISSEMENT.

BLESSÉS DE Iʳᵉ CLASSE.

Alban (*Claude-Antoine*).
André (*Hubert*).
Archambault (*Grégoire-Jean*).
Auguste *dit* Polonais.
Bachelard (*Florent-Nicolas*).
Bailly (*Joseph-Élutes*).
Blasmes (*François*).
Blot.
Beaufils (*Jean-Baptiste*).
Beauquesne (*Jean-Baptiste-Martin*).
Benard (*Pierre-Dominique*).
Benoît (*Jean-Baptiste-Julien*).
Bernard (*André-Marie*).
Bernardet (*Hugues*).
Berthier (*Auguste*).
Bossu (*Auguste*).
Boucheron (*Jean*).
Bouvié (*Benoît-Marie*).

Bouchard (*Antoine-Marie*).
Bourset (*Joseph-Lievain*).
Bourgis (*Jean*).
Brevet (*Antoine-François*).
Bricheteau (*Charles*).
Bridoux (*Pierre-François-Auguste*).
Brieu (*Jean*).
Bouchard (*Nicolas-François*.)
Bouchet (*Joseph-François*).
Bougardier (*Hilaire-Félicité*).
Bourlois (*Joseph-Adolphe*).
Boyer (*Jean*).
Burette (*Antoine*).
Bevert (*Baptiste*).
Cabourdain (*Joseph*).
Clément (*Bastien-Pierre-Nicolas*).
Cheval (*Louis-Thimotée*).
Chirac (*Joseph*).
Chalot (*François-Justin*).
Chabonnier (*Jean-Louis*).

Collet (*Antoine-François*).
Colléon (*Antoine*).
Cotou.
Despiot (*Jean-Auguste*).
Desroche (*Jean-Lambert*).
Dré.
Dauchel (*Fleury*).
Dehesdin (*Benjamin*).
Delamarre (*Françoise-Prudence*, veuve).
Doussin (*Claude*).
Dujardin (*Pierre*).
Dupart (*Charles-Jean-Baptiste*).
Duny (*François*).
Fayer (*Patient-Louis*).
Favry (*Jean-François*).
Fiacre (*Jacques*).
Fleurant (*Jean-Antoine*).
Fort (*Jean-Baptiste*).
Fontaine (*Léopold-Michel*).
Frichmann (*Chrétien*).
Froment (*Barthélemy*).
Fouquet (*Noël*).
Galbot (*Antoine*).
Goelzer (*Georges-Chrétien*).
Galibert (*François-Antoine*).
Gazu (*Jacques*).
Gagneri (*Henri-Joseph*).
Gaix de Mansour.
Gaucher.
Gauvenet (*Napoléon*).
Garanchon (*Louis-François*).
Gondré (*Pierre-Frédéric*).
Guerrier (*Jean-Pierre-Claude*).
Gumery (*Alexandre*).
Hatey (*Louis-Victor*).
Hertz (*Samuel*).
Hubert (*Pierre-Charles*).
Jacnon (*Nicolas-Claude*).
Keller (*Jean-Michel*).
Lavadou (*Camille-Louis-Sulpice*).
Lacombe (*Étienne*).
Leroy (*Louis-Charles*).
Lemoine (*Pierre-Marie-Christophe*).
Lidon (*Antoine*).
Lévêque (*Marie-Denise*, femme).
Leredde (*Jean-Charles-François*).
Leborne (*Charles-François*).
Ledoit (*Édouard*).
Lauban (*Charles*).
Lefèvre (*Pierre-Joseph*).
Lemaitre (*Armand-Joseph*).
Loiselle (*Henri-Antoine*).

Lalligan (*Claude*).
Manigot (*Charles*).
Mailly (*Pierre-Marie*).
Mulot (*Louis-Joseph*).
Merlin (*Antoine*).
Morchain (*Jean-Baptiste*).
Malle (*Louis*).
Martin (*Étienne-Charles-Édouard*).
Mermoux (*Jean-Marie*).
Millet (*Louis*).
Minoret (*Alfred*).
Morin (*Jules-François*).
Nepveu (*Jacques-Républicain*).
Nidriche (*Michel*).
Nourry (*Jacques*).
Odot.
Perroux (*Barthélemy*).
Planchon (*Henri-Victor*).
Poujot (*Jacques-François*).
Planty (*Christien*).
Prevel (*Thomas*).
Pottenot (*Joseph*).
Pepin (*Hugues*).
Ratillon (*Alexandre-Édouard*).
Ravet (*René*).
Rebière (*François*).
Ribière (*François-Augustin*).
Routhmann (*Louis-Jean-Hippolyte*).
Riotte (*François*).
Robillard (*Auguste*).
Roignan (*Pierre-Jacques*).
Roger.
Royer (*Pierre-Théodore*).
Richard (*Claude*).
Roche (*Germain*).
Sauty (*Toussaint-Nicolas*).
Sevin (*Jean-Baptiste*).
Simon (*Étienne-Amable*).
Simon (*Marguerite*).
Stroskoph (*Michel*).
Telifor (*Antoine-Guillaume*).
Thurin (*Louis-Martial*).
Tournu (*Théodore-Alexandre*).
Thibert (*Émile*).
Toussaint (*Jean*).
Vanier (*Euphrasie* Fleury, femme).
Vaillant (*François*).
Vau (*Pierre*).
Veny (*Charles*).
Viéville (*Louis*).
Villasser (*Mathias*).
Vanaker (*François*).

BLESSÉS DE IIᵉ CLASSE.

Iʳᵉ CATÉGORIE.

Ménard (*Claude-Louis*).
Suzan (*Paul*).

IIᵉ CATÉGORIE.

Allaignon (*Pierre-Germain*).
Chevallier (*Charles*).
Clérambault (*Jacques-François*).
Delaquit.
Ducamp (*Jean-Baptiste*).
Duclos (*Édouard*).
Froissent (*Charles*).
Gobert (*Nicolas*).
Guillouet (*Alexandre-Charles*).
Guiotton (*Paul*).
Hérambert (*François-Eugène*).
Holfeld (*Hippolyte-Dominique*).

Jalbert (*Jean-Baptiste*).
Jonet (*Marie-François-Jules*).
Magnin (*Jean*).
Mancelle (*Jean-Auguste*).
Quinsier (*Jean-Baptiste*).
Serullas (*François-Antoine*).
Solbach (*Michel*).
Thiéhault (demoiselle).
Willaumez (*Louis*).

CAS EXCEPTIONNELS.

Bouchart.
Gaucher.
Goelzer (*Jean*).
Pacot d'Yenne.
Toussaint (demoiselle), nièce de Jeannisson.
Broust (*Anne-Geneviève*).
Roignan.
Planchon.

IIIᵉ ARRONDISSEMENT.

BLESSÉS DE Iʳᵉ CLASSE.

Monense (*Lambert*).
Geybel (*Antoine-Benoît*).
Ancelot (*François*).
Aretz (*Joseph*).
Bara (*Henri*).
Bernet (*Anne* Pichon, veuve).
Bourdon (*Jean-Pascal*).
Bouvier (*Édouard-Félix*).
Brandenberger (*Frédéric*).
Buffle (*Pierre*).
Chercuite (*Nicolas-Laurent*).
Connaissant (*Jean-Auguste*).
Cornilleau (*Jean-Baptiste*).
Delachâtre (*Jacques-Alexandre*).
Cordier (*François-Armand-Victor*).
Delaquis (*Joseph*).
Deschamps (*Jean-Baptiste*).
Cavellier (*Charles-Étienne*).
Detanne (*François*).
Dieulin (*Dieu-Donné*).
Dumas (*Claude*).
Dumotier (*Louis-Jean-Baptiste*).
Fasquelle (*Victor-Romain*).
Fontaine (*Nicolas*).
Garnier (*Joseph-Etienne*).

Gex (*Claude-Marie*).
Girod (*Michel*).
Goldstein (*Albert*).
Bois (*Louis*).
Bellardel (*Pierre-Joseph*).
Koller (*Pierre*).
Herndel (*Joseph*).
Lafond (*Jean-Toin*).
Leloup (*Jean-Etienne*).
Latties (*Frédéric-Ennemont*).
Lemaire (*Jean-Baptiste*).
Lambert (*Jean-Pierre-Henry*).
Merlier (*Auguste*).
Michel (*Jean*).
Ouvrier (*Antoine*).
Pernet (*Jean-Denis*).
Pottier (*Jean*).
Revenaz (*André*).
Verrier (*François-Colin*).
Fauvelle (*Louise-Victoire*).
Bernard (*Jean-Baptiste*).
Burandof (*Jean-Marie*).
Cordier (*Jean-Louis*).
Trodoux (*Léon*).
Lutz (*Jean-Simon-Daniel*).
Lefrançois (*Jean-Baptiste*).
Caraquin (*César-François*).

Félines (*Etienne-François*).
Wild (*Melchior*).
Desbordes (*François-Ferdinand*).
Morbin (*Jean-Baptiste-François*).
Benoist (*Jean-Baptiste*).
Boufflet (*Louis*).
Clément (*Jean-Elie*).
Reiser (*Joseph*).
Boullet (*Damien*).
Tocques (*François*).
Desmolliens (*Libre-Garance*).
Millet (*Philippe-Joseph*).
Fleurand (*Antoine*).
Colsoul (*Jean-Paul*).
Fascenoz.
Magloire (*Antoine*).
Nouvel (*Jacques-François*).
Tiskenne (*Antoine-Arnold*).
Hulin (*Henri-Joseph*).
Godfroy-Bourrion.
Lamarre.
Dailly (*Eugène-Joseph*).
Munier (*Jean-Baptiste*).
Levillain (veuve).
Gaillard (*Alexandre-Charles*).
Guedon (*Pierre-Marie*).
Biour (veuve).
Ducrétet (*Louis-Frédéric*).
Demorlain (mademoiselle).
Josselin (*Alphonse*).
Bénard (*Charles-Etienne*).
Champs (*Guillaume-François-Gilles*).
Noël (*Jean-Claude*).
Altroff (*Louis*).
Gauffre (*Jean-Marie*).
Prost (*Germain*).
Rastignac.
Devirclode (*Jean-Joseph*).
Bled (*Louis*).
Verdet.
Basset (*Jacques*).
Barlout (*François-Nicolas*).
Danton (*Hippolyte*).
Maréchal.
Rigauld.
Lalloud (*Henri-Gabrielle-Joseph*).
Décamps (*Louis-François*).
Desalle (*Toussaint-Henri-César-Emile*).
Convenance (*Théophile*).
Schaffenberger.

Haueur.
Vigney (*Robert-Jérôme*).
Béni (demoiselle *Anne*).
Compère (*Louis-Quentin*).
Lebécel (*François*).
Mercier (*Charles-Joseph-Tranquille*).
Boucault (*Marie-Lise*).
Jeannot-Crochard.

BLESSÉS DE IIᵉ CLASSE.

Iʳᵉ CATÉGORIE.

Adam (*Antoine*).
Boucheron. (*Jean-Baptiste*).
Parent (*Alexandre-Marguerite*).

IIᵉ CATÉGORIE.

Mosseau (*Prudence*, mademoiselle).
Souyeux (*Jean-Baptiste*).
Bachelet (*Pierre*).
Kingold (*Jean-Baptiste*).
Scarany (*Louis*).
Lefort (*Adrien*).
Jalbert (*Jean-Baptiste*).
Graimbelle (*Augustin-Joseph*).
Vanlumputten (*Joseph*).
Gallot (*Jean-Louis*).
Souyeux (*Jean-Paul*).
Goujon (*Léopold*).
Pellerin (*François-Marie*).
Leraux (*Jean-Barthélemy*).
Moque (*Henri-Adolphe-Auguste-Théodore*).
Robin (*Charles-Hippolyte*).
Audigé (*Jean*).

CAS EXCEPTIONNELS.

Barroud (*Maurice*).
Gilbert.
Maurel (*Louis*).
Biour (veuve), née *Louise* Morin.
Pennellier (*Jean-Baptiste*).
Connaissant (*Jean-Auguste*).
Mallet (*Matthieu*).
Demorlain (*Marie-Alexandrine*, demoiselle).
Vorms, *dit* Cusset.
Schaffenberger (veuve), née *Louise-Jeanne* Roth.
Darmars (*François-Marie*).

IVᵉ ARRONDISSEMENT.

BLESSÉS DE Iʳᵉ CLASSE.

Angelin (*Jean*).
Antoine (*Aimée-Françoise*, mademoiselle).
Barriol (demoiselle *Fanny*).
Baud (*Louis-Claude*).
Baudot (*Jean*).
Belhote (*Guillaume-Joseph*).
Belly (*Jules-Claude*).
Bergot (*François-Nicolas*).
Besacier (*Claude-Joseph*).
Besson (*Claude*).
Billom (*Armand*).
Bizeau (*Médard-Isidore*).
Boimy (*François-Marie*).
Bonneau (*Alexandre-Matthieu*).
Bonneville (*Louis-Antoine*).
Bougon (*Emmanuel*).
Bresnu (*Jean-François-Marie*).
Briquet (*Gabriel*).
Brousse (*Jean-Grégoire*).
Browarniouck (*Victor*).
Brunet (*Pierre*).
Brunet (*Charles-Louis*).
Burel (*Louis-Victor*).
Buva (*Félix*).
Caen (*Cerf*).
Canon (*Anselme-Isidore*).
Cayeux (*Félix-Prosper*).
Charpentier (*Etienne*).
Charton (*Jules*).
Chaudesaigues (*Antoine*).
Chauvin (*Jean-Pierre-Denis*).
Cochon (*René*).
Collat (*Nicolas*).
Cottar (*Christophe-Joachim*).
Cotton (*Pierre*).
Chevance (*Jean-Marie*).
Cougoul (*Jean-Louis*).
Coullaud (*Charles*).
Coulon (*Joseph*).
Courtray (*François*).
Couturier (*Jean-Baptiste*).
Dazy (*Pierre-Victor-Nicolas*).
Decaux (*Charles-Clément*).
Delannoy (*Pierre-Adolphe*).
Delaval (*Louis-Antoine*).
Delmart (demoiselle *Lucile*).

Deschamps (*Joseph-Marie*).
Desgrey (*Jean-Baptiste*).
Desnoyer (*Henri-Louis-Philibert*).
Dombert (*François-Noël*).
Domice (demoiselle), *dite* veuve Chevassieux.
Dossabide (*Martin*).
Douet (*Denis-François*).
Droit (*François*).
Drouet (*Jean-Joseph-Louis*).
Ducastel (*Jules-Théodore*).
Duclos (*Pierre-Balthazard*).
Dupont (*Jacques-Félix*).
Duteil (*Antoine*).
Duvernel (*Jacques-Frédéric*).
Fabre (*Jacques*).
Faucon (*Simon-David*).
Fontaine (*Pierre-Joseph*).
Fourcade (*Elément*).
François (demoiselle *Pauline*).
Galilée (*Jean*).
Gaudron (*Claude-Marie*).
Gavot (*Louis-Joseph*).
Genaille (*Honoré-François*).
Gérard (*Auguste*).
Gillard (*Louis*).
Gourdin (*René*).
Grange (*André*).
Grandpierre (*Jean*).
Gravet (*Jean-François-Nicolas*).
Guédon (*Pierre-Marie*).
Guilloteau (*Jean*).
Hanus (*Pierre-Louis*).
Hardelin (*François*).
Hoffmann (*Alexandre-Ernest*).
Houpin (*Nicolas-Edme*).
Humbert (*Noël-Auguste*).
Jacob (*Jean-François*).
Janin (*Auguste*).
Javon (*Sévère*).
Joniaux (*Jean-Baptiste*).
Joublin (*Blaise*).
Julien (*Louis-Auguste*).
Kalmer (*Gérard*).
Labarthe (demoiselle *Marie-Gabrielle*).
Laloux (*Jean-François*).
Lagravière (*Auguste*).
Langlet (*Charles*).

Lapotaire (*Etienne*).
Lataye (demoiselle *Anne*).
Lattier (*Frédéric-Ennemon*).
Leclair (*Jean*).
Lefèvre (*Philippe Jacques*).
Lefèvre (*Pierre-Hippolyte*).
Legrand (*Victor*).
Legrand (demoiselle), *dite* veuve Lecoq.
Legrand (*Pierre*).
Lejeune (*Sébastien*).
Leloup (*Jean-Nicolas*).
Lesieur (*Pierre*).
Levée (*Ferdinand-Adolphe-Louis-François*).
Ligarde (*Charles-François-Reymond*).
Lizet (*Jean-Baptiste-Pierre*).
Lobin (*Charles*).
Maillet (*Joseph-François*).
Mailly (*Pierre-Marie*).
Marchand (*Jean-Charles*).
Marcotte (*Louis-Isidore*).
Marre (demoiselle, *Florence-Joséphine*).
Martin (*Etienne*).
Mauguin (*Jean-Avertin*).
Meyer (*Louis-Antoine*).
Mongey (*Honoré-Parfait*).
Montaugerand (*Marie-Joseph*).
Morizot (*Eugène*).
Moulinet (*Louis-Alexis*).
Moussard (*Lucien*).
Oget (*Honoré*).
Piermé (*Joseph-Alphonse*).
Pion (*Jean-Frédéric*).
Pirouelle (*Pierre*).
Prou (*Charles-René*).
Ranson (*Jean-Baptiste*).
Reinhald (*Jacques*).
Renauld (*Joseph*).
Revel (*François*).
Romanson (*Louis*).
Roubaud (*Nicolas*).
Rouge (*Jacques*).
Saint-Georges (*Jean-Baptiste*).
Salfray (*Athanase-Côme-Sigismond*).
Sautray (*Jean-Armand*).
Saxechames (*Pierre*).
Seguier (*Pierre-André*).
Sinet (*Jacques*).
Soret (*Marie-Victoire*, veuve).
Soubre (*Léger*).
Thome (*Henri-Eugène-Napoléon*).
Thomin (*Antoine*).
Tiremarche (*Hippolyte-Xavier*).

Tourtay (*François*).
Tricot (*Jean*).
Vaissière (*Jean-Philippe*).
Vergne (*François-Eugène*).
Voisin (*Joseph*).
Yves (*Georges*).
Arrachart (*Louis-Jules-Benoît*).
Azur (*Jacques-Abraham*).
Bois (*François*).
Collot (*Jean-Baptiste*).
Dufour (*Louis*).
Frœlicher (*Jean*).
Goutard (*François*).
Héroult (*François-Napoléon*).
Lagarie (*Jean*).
Launoy (*Nicolas-Laurent*).
Lechantens (*Jean*).
Lepage (*Nicolas-Séverin*).
Mangin (*Barthélemy*).
Martin (*Pierre*).
Pannier (*Jean*).
Balbergue (*Jean-Gabriel*).
Desorgerie (*Marie-Hubert*).
Genot (*Étienne*).
Grosses (*Antoine*).
Monin (*Étienne*).
Poncelet (*Louis*).
Sauty (*Toussaint-Nicolas*.)
Nepveu (*Jean-Républicain*).

BLESSÉS DE IIᵉ CLASSE.

Iʳᵉ CATÉGORIE.

Brancha (*Victor*).
Butant (*François*).
Cabrol (*Joseph*).
Ternay (*Jean-François-Alexis*).
Gendret (*François-Bonnet*).
Lamare (*André-Benoît-Joseph-François*).
Langolff (*Georges*).
Lebrun (*Louis-Jean*).
Lecharpentier (*Louis*).
Pampy (*Louis-Charles-Léopold*).

IIᵉ CATÉGORIE.

Alibert (*François*).
André (*Jacques-Frédéric*).
Baisson (*François*).
Couder (*Jean*).
Crampes (*Louis-André*).

Dangers (*Jean-François*).
Decrucq (*François-Joseph*).
Fradelizi (*Jean-Jacques*).
Hoin (*Pierre-François*).
Lamel (*Jacques*).
Lapie (*Jean-Marie*).
Luquet (*Armand-Julien*).
Mérigault (*Louis-Antoine*).
Soudre (*Jacques-Désiré*).
Thiberge (*Louis-Achille*).
Thomas (*François-Louis*).

CAS EXCEPTIONNELS.

Angelvi (*Jean*).
Brousse (*Jean-Grégoire*).
Clochez (*Charles-François*).
Lataye (dame *Anne*).
Lepage (*Nicolas-Severin*).
Mangin (*Barthélemy*).
Miquel (*Jean-Édouard-Marcelin-Marie*).
Moreau (*Jacques*).
Salfray (*Athanase-Côme-Sigismond*).

Vᵉ ARRONDISSEMENT.

BLESSÉS DE Iʳᵉ CLASSE.

Audebert (*Jean-Baptiste*).
Adam (*Joseph-Joachim*).
Agez (*Pierre-Joseph*).
Auzolles (*Pierre*).
Badoux (*Nicolas*).
Béchet (*Louis*).
Beni (*Anne*).
Bernard (*Victor*).
Berthier (*Jean-Joseph*).
Berlin (*François*).
Bertrand (*Charles*).
Blaise (*Christophe*).
Boisnay (*Julien*).
Bonnet (*Charles*).
Borlée (*Médard-Joseph*).
Bouchand (*Michel*).
Bournadet (*Louis-Charles*).
Charoy (*Jules*).
Chinouffre (*Charles*).
Claser (*François-Jean*).
Calba.
Courtin (*Antoine-Cyprien*).
Courtray (*Joseph*).
Coutard (*Jean-Nicolas*).
Cressonnier (*Julien-Prosper*).
Croizat (*Michel*).
Chabert (*Jean*).
Déare (*Jean*).
Degosse (*Jean-François-Thomas*).
Delbosse (*Jacques*).
Delaforge (*Alexandre*).
Dufay (*Honoré-Louis*).
Delvigne (*Achille-Étienne*).
Devaux (*Jacques-Marie*).

Douvry (*Pierre-Jean-Baptiste*).
Dozières (*Augustin*).
Dozières (*Jean-Jacques*).
Dutertre (*François*).
Dochot (*Henriette*).
Dubray (*Jean-Baptiste*).
Duguet (*François*).
Darche (*Claude*).
Dupont (*Antoine-Napoléon*).
Élène (*Pierre-Gilles*).
Faure (*François*).
Fayot (*Jean*).
Fenet (*Pierre-Marie*).
Ferrière (*Jules*).
Fredelezy (*Nicolas-Michel*).
Foinrau (*Denis*).
Fouillaud (*François-Louis*).
Fourrier (*Charles-Joseph*).
Galendrin (*Pierre*).
Génuit (*Louis-Victor*).
Gilbert (*Joseph-Marie*).
Gillot (*Victor*).
Godard (*Jean-Baptiste*).
Goret (*Pierre-François-Alexandre*).
Grignon (*Pierre*).
Guénin de Saint-More (*Marc*).
Haleitz (*Joseph*).
Henry (*Asperge*).
Hyan (*Pierre*).
Hettier (*Charles*).
Huchot (*Louis-Félix*).
Hudelot (*Victor-Jean-Baptiste*).
Huot (*Louis-Victor*).
Joulain (*François-Claude*).
Joseph (*Amable-Antoine*).
Kertz (*Jean*).

Lague (*François-Germain*).
Laincy (*Édouard-Jean-Baptiste*).
Lacoas.
Lanié (*Jean*).
Laroche (*Antoine-Marie*).
Lasalle (*Éloi-François*).
Lasalle (*Benoîte-Lambert*).
Laurent (*Laurent*).
Lebleu (*Jean-François*).
Lecouflet (*Eugène*).
Lefin (*Jean-Joseph*).
Legendre (*Joseph*).
Legris (*François-Florimond*).
Lessard (*Édouard-Benjamin*).
Lelièvre (*Alexis*).
Lemaître (*Pierre-Louis*).
Leroy (*Jean-François*).
Lhopital (*Jean-Marie*).
Loquet (*Marie-Catherine* Decave).
Lonchet (*Victor*).
Louessard (*Jean*).
Louessard (*Joseph*).
Lourdel (*Alexandre*).
Macot (*Matthieu*).
Mansuy (*Nicolas*).
Massue (*Charles-Auguste*).
Mats (*Éloi*).
Mouchy (*Alexandre-Hippolyte*).
Mutel (*Louis-Jules*).
Mouton (*Pierre*).
Namont (*Léopold-Stanislas*).
Nidenger (*Sébastien*).
Noblet (*Charles-Martin*).
Nogué (*Clément*).
Noirfalisse (*Jean-François*).
Nowé (*Eugène*).
Ortion (*Pierre-Jean-Marie*).
Petit (*Jean-Baptiste*).
Picadeau (*Pierre*).
Pignoux (*Guillaume-Vincent*).
Plain (*Constant*).
Pochot (*François*).
Poisson (*René-Louis*).
Pornay (*Hippolyte-François*).
Poullailler (*Louis-Michel*).
Prose (*Eugène*).
Rasquin (*Louis-Joseph*).
Rebès (*Nicolas*).
Remy (*Antoine*).
Renost (*Augustin*).
Ricard (*Jean-Baptiste*).
Rivière (*Pierre-François*).

Robiquet (*Antoine-Emmanuel*).
Roche (*Pierre-Nicolas*).
Rouloy (*René*).
Revérend (*Charles-Germain*).
Ruivard (*Delphines*).
Sainpère (*Denis-Amédée*).
Schairs (*Charles*).
Schlagel (*Etienne-Joseph*).
Simouillard (*Jean-Baptiste*).
Steyer (*Simon*).
Suisser (*Joseph*).
Tessier (*Anne* Hétier).
Textor (*Joseph*).
Thiébaut (*Jean-Nicolas*).
Tosoni (*Alexandre*).
Treffont (*François*).
Vavasseur (*Jean-François-Stanislas*).
Viéville (*Louis*).
Villers (*Jean-Baptiste*).
Vioménil (*Louis-Alexandre-François*).

BLESSÉS DE IIe CLASSE.

1re CATÉGORIE.

Binot (*Matthieu-Jacques*).
Bruscaille (*Jacques-Marie*).
Caby (*Henri-Joseph*).
Clément (*François*).
Maillant (*Louis-Jean*).

IIe CATÉGORIE.

Allègre (*Jean-François-Cyrille*).
Barbet (*Charles*).
Beaugeois (*Jean-Charles-Joseph*).
Bordier (*René*).
Denoyon (*Frédéric*).
Gentien (*Louis-Victor*).
Hotteaux (*Joseph*).
Launay (*Jean-Baptiste*).
Ledin (*Pierre-François*).
Leroy (*François-Isidore*).
Grindel (*Jean-François-Bon*).
Letellier (*Jean-Louis-Léonard*).
Louet (*Louis-Nicolas*).
Martin (*Jean-Baptiste*).
Mayer (*Joseph*).
Perrier (*Jean*).
Poirot (*Jean-François*).
Richet (*Cyprien-Alexandre-Amand*).
Thévenot (*Auguste-Antoine-Emmanuel*).
Vaissade (*Camille-Florent*).
Voillemont (*Honoré-Adolphe*).

CAS EXCEPTIONNELS.

Beaugeois (*Jean-Charles-Joseph*).
Béchet (veuve).
Beni (*Anne*).
Grignon (*Pierre*).
Huchot (*Louis-Félix*).

Huot (*Louis-Victor*).
Loquet (*Marie-Catherine* Decave).
Markel (*Jean-Baptiste*).
Pornay (*Hippolyte*).
Renoir-Lavadou (*Françoise-Emilie*).
Viénot (*Jean-Baptiste*).
Vioménil (*Louis-Alexandre-François*).

VIᵉ ARRONDISSEMENT.

BLESSÉS DE Iʳᵉ CLASSE.

Piétrequin.
Lecoq (*René-François*).
Roussel (*Xavier-François*).
Lelièvre (*Charles-Philippe*).
Messire (*Charles*).
Missemblé.
Delante (*Jean-François*).
Pigny (*Jean-Baptiste*).
Mascureau (*Jean*).
Degaast (*Louis-François*).
Michaut (*Pierre-Urbain*).
Pierrard (*Joseph-Matthieu*).
Gervais (*Antoine*).
Giguet.
Lepreu (*Quentin*).
Stocx (*Alexis-Louis*).
Gattez (*Jean-Baptiste*).
Devray (*Jean-François*).
Massé (*Jean-Marie-Michel*).
Muzy (*Jean-Baptiste-Joseph*).
Lesserré.
Melle (*Henri*).
Boucher (*Mélanie*).
Devergie (*Jean-Louis*).
Bonissent (*Pierre-Félix*).
Moiron (*Louis*).
Spits (*François-Adolphe*).
Boullot (*Jean*).
Rojau (*Joseph*).
Paillet (*Laurent*).
Heuzet (*Antoine-Esprit*).
Peschong (*Louis-Charles-Marie*).
Combres (*Léon-Remy*).
Lelièvre (*Alire-Toussaint*).
Langlet (*Charles*).
Besson (demoiselle *Marie*).
Mary (*Pierre*).
Masson (*Jean-Louis*).

Deschamps (*Jean-Baptiste*).
Perceval (*Jean-Baptiste*).
Minet (*Joseph*).
Compiègne (*Louis*).
Delangre (*Antoine*).
Boucher (*Marie-Ernestine*).
Vermet (*François-Jean*).
Chausse (*Pierre-Michel*).
Palvassier (*Louis-Martin*).
Lepreu (*Louis*).
Sibert (*Louis-Fleury*).
Welchenger (*Joseph-Marie*).
Leforestier (*Folquin*).
Langlois (*Etienne*).
Girin (*Jean-François-Charles*).
Grosjean (*Jean-Baptiste*).
Prat (*Joseph*).
Geant (*René-François-Marin*).
Pussieux (*Antoine*).
Godefroy (*Théodore*).
Pichot (*Jean-Pierre*).
Zammaretti (*Antoine-Victor*).
Guémard (*Louis-Firmin*).
Vilain (*Joseph-Jean-Baptiste*).
Desvarennes (*Pierre-Matthieu*).
Duterne (*Pierre-François*).
Delamarre (*Louïs-François*).
Meiniel (*Jean*).
Legros (*François*).
Clément (*Jean-Claude-Eugène*).
Duthoit (*César-Benjamin*).
Godel (*François*).
Charles (*Pierre-Sébastien*).
Thuvin (*Jean-Baptiste*).
Baudouin (*Michel-Philippe-Noël*).
Charpentier (*Jacques-Raphaël*).
Gibault (*Guillaume*).
Arsonneau.
Godefroy (*Louis-Pierre*).
Petit (*Nicolas-Jean-Baptiste*).

Dubois (*Bernard-Joseph*).
Grosmond (*Alexandre*).
Guérard (*Pierre*).
Neidenger.
Berlet (*Jean-François*).
Moinet.
Roche.
Bonnet (*Charles*).
Dozières (*Jean-Jacques*).
Gillette.
Weisse (*Jean-Nicolas*).
Gorlier (*Louis-Jacques-Pierre*).

BLESSÉS DE IIᵉ CLASSE.

Iʳᵉ CATÉGORIE.

Rockenstroh (*Eugène-Jean-Jacques*).
Marecal (*Thomas-François*).
Laurent (*François*).
Philippe (*Pierre-Jacques*).
Nicolas (*Michel*).
Tany (*Louis-Edouard*).

IIᵉ CATÉGORIE.

Becker (*Guillaume*).
Cresson (*Pierre-Charles*).
Protain (*Jules*).
Leroy (*Pierre-Auguste*).
François (*Alexandre*).
Bertemy (*Jean-Charles-Auguste*).
Salomon (*Louis-Joseph*).
Garbelotte (*Jean-Antoine-Philippe*).

Dumas (*Jean-Antoine*).
Chartier (*Jean-Baptiste*).
Vauquelin (*Jacques*).
Macagno (*Edouard*).
Delliers (dame), née *Marguerite-Adélaïde Gilles*.
Rongeat (*Gervais*).
Jourdan (*Edouard*).
Lebourgeois (*Jean-Robert*).
Welchinger (*Louis*).
Thilly (*Louis-François-Apollinaire*).
Cotin (*Jean-Théodore-Hippolyte*).
Bruitte (*Charlemagne-Louis*).
Lebrun (demoiselle *Elisabeth-Marie*).
Loiselle (*Henri-Antoine*).
Roy (*Jean-Pierre*).

CAS EXCEPTIONNELS.

Girin (*François*).
Heuzet (*Antoine*).
Marguerie (femme), née *Virginie* Lérisseau.
Bertemy (*Jean-Charles*).
Duthoit (*César-Benjamin*).
Georges (demoiselle *Aimée*).
Petreau (*Nicolas*).
Focard (*François*).
Combres (*Léon-Remy*).
Lecoq (*François-René*).
Messire (*Charles*).
Grosmond (*Alexandre*).
Boullée (veuve), née *Marguerite* Bise.
Graud (*Marthe*).

VIIᵉ ARRONDISSEMENT.

BLESSÉS DE Iʳᵉ CLASSE.

Artus (*Frédéric-Mathurin*).
Auboyer (*Barthélemy*).
Baudoux (*Clément*).
Beauvais (*François*).
Bidault (*Léon-Jean-Alexandre*).
Blier (*Hilaire*).
Bloehmann (*Jean*).
Boensky (*Joseph*).
Bonnelet (*Victor*).
Bordenet père (*Joseph-Hippolyte-Charles*).
Boucher (*Charles-Alexis*).
Boudreau (*Joseph-François-Augustin*).

Boursier (*Charles-Paul*).
Bousselin (*Victor*).
Brian (*Jean-Marie*).
Buisson (*Antoine-Victor*).
Bussière (*Jean-Charles*).
Caulier (*Adolphe-Auguste-Charles*).
Chalumeau (*Louis*).
Charles (*Léon*).
Chartron (*Dominique*).
Choiseau (*Alexandre*).
Cibiel (*Guillaume*).
Commargnac (*André-Antoine*).
Cottry (*Georges*).
Cressonnier (*Julien-Prosper*).

Cresté (*Jean-Baptiste-Benjamin*).
Troppi (*Jules*).
Davesne (*Louis-Bertrand*).
Defaut, lieutenant au 6ᵉ de ligne.
Delaunoy (*Charles-Constant*).
Deshayes (*Jean-Antoine*).
Dulieux (*Alexandre*).
Dorsin (*Laurent-Joseph*).
Douzon (*Laurent*).
Fauché (*Jean-Pierre*).
Fauquet (*François-Frédéric*).
Feval (*Adolphe*).
Flobert (*Joseph*).
Foulon (*Charles-Paul*).
Fouquet (*Jean-Pierre*).
Gaudin (*François*).
Gazet (*Jean-Bayeul*).
Graux (*Jean-Baptiste*).
Hedou (*Alexandre-Napoléon*).
Hettier (*Charles*).
Husson (*Louis*).
Jacquin (*Henri-Constant*).
Jeannin (*Simon*).
Lacombe (*Joseph*).
Landry (*Joseph*).
Lamolet (*Henri*).
Latier (*Jean-Baptiste-Suzanne*).
Lavie (*Michel*).
Lauvergnat (*Louise*).
Leclerc.
Lefèvre (*Jacques*).
Legrand (*Denis*).
Lemercier (*François-Désiré*).
Lemoine (*Philippe*).
Lescalier (*Joseph*).
Lesot (*Florent*).
Letheux (*Jean-Baptiste-Stanislas*).
Letombe (*Auguste-Jacques*).
Letourneur (*François*).
Macon (*Jean*).
Magonet (*Charles*).
Magrimaud (*Antoine*).
Mardelle (*François*).
Maricot (*Jean-Élie*).
Mazure (*Jacques*).
Marteau (*Louis-Julien*).
Martin (*Nicolas*).
Mauduit (*Louis-Denis*).
Mermont (*Jean-Marie*).
Michel (*Charles-Jean-Nicolas*).
Monnot (*Antoine*).
Monticelle (*Antoine-Charles*).

Moulin (*Eugène-Adolphe*).
Noël (*Guillaume-Bonaventure*).
Nider (*Louis-Nicolas*).
Noury (*Victor*).
Paint (*Théophile*).
Pascal (*Georges*).
Poifol (*Pierre*).
Pottier (*Jacques*).
Quintof (*Jean*).
Rheims (*Léon*).
Rippomonty (*Henri-Thomas*).
Robert (*Jean-Pierre*).
Rocher (*Thomas*).
Roudaire Ducontans.
Royer (*Éloi-Auguste-Théodore*).
Salvet (*Jean-Marie*).
Schwartz (*Pierre*).
Serbourse.
Sidel (*Henri*).
Sterbel (*Charles*).
Taigny (*Jean-Florimond-Emmanuel*).
Thérin (*Marie-Françoise*, femme).
Thiron (*Jean-Pierre*).
Renaud (veuve), née *Françoise-Marguerite Thuilon*.
Tourblain.
Villomicer (*Narcisse*).
Jambois (*Jean-Baptiste*).
Pilloux (*Jean-Joseph*).
André.
Magnat (*Gédéon*).
Martin Lafont (*François-Joseph-Edmond*).
Mafaret (*François*).
Fixari (*Charles*).
Longchamp (*Simon-Désiré*).

BLESSÉS DE IIᵉ CLASSE.

Iʳᵉ CATÉGORIE.

Bataille (*Jean-Morin*).
Copé (*Pierre-Louis-Joseph*).
Croizat (*Jean-Pierre*).
Homann (*Frédéric*).
Lefoulon (*Pierre-Charles*).
Perard (*Jean*).
Simonin (*François*).

IIᵉ CATÉGORIE.

Allamand.
Batolde (*Antoine*).
Bayon (*Jean*).

Bertrand (*Etienne-Marie*).
Bordenet fils (*Joseph-Hippolyte-Charles*).
Bridé (*Jacques*).
Burckard (*Charles-Frédéric-Achille*).
Cahen Hesse.
Cottin (*Claude*).
Dampoux (*Etienne*).
Deravet (*Jacques-Albert*).
Detaille (*François*).
Duc (*Joseph-Frédéric*).
François (*Jean-Baptiste*).
Gerbonne (*Jean-Baptiste*).
Gonet (*Louis-Antoine*).
Hitzberger (*Jean-Charles*).
Janson (*Alexandre*).
Joubert (*Antoine-Nicolas*).
Lahoche (*Marie-Françoise-Marguerite*, femme).
Marque (*Pierre*).
Medzger (*Jacob*).
Mesy (*François*).
Petit-Jean (*Jean*).
Petit-Jean (*Pierre-Jean*).
Porson (*Jean-Pierre*).
Roquet (dame), née *Louise-Adélaïde* Thomines.
Roumier (demoiselle *Marie-Victoire*).
Richoux.

Schaubruner (*Jean*).
Vacousin (*Etienne-Florimond*).

CAS EXCEPTIONNELS.

Laurent (*Alphonse*).
Pérard (*Jean*).
Huraux (*Julien-Charles*).
Tarrade (*Antoine*).
Sarrat (*Jean-Pierre*).
Magnat (*Gédéon*).
Cothery (*Félix-Georges-Farcy*).
Roumier (demoiselle *Marie-Victoire*).
Pillioux (*Jean-Joseph*).
Simonin (*François*).
Graux (*Jean-Baptiste*).
Dufour (*Martin-Gervais*).
Campion (*Pierre*).
Delaunay (*Charles-Constant*).
Royer (*Eloi-Auguste-Théodore*).
Monticelly (*Antoine*).
Doublet (*Victor-Joseph*).
Leclabard (*Alexis-François*).
Maroge (*Antoine-Auguste*).
Maricot (*Jean-Elie*).
Moulins (*Eugène-Adolphe*).
Bordenet (*Bénigne*).
Denoyer (demoiselle *Marie-Adélaïde*).

VIII ARRONDISSEMENT.

BLESSÉS DE Iʳᵉ CLASSE.

Alix (*Jean-Nicolas*).
Bachelet (*Jean-Baptiste-Marie*).
Baicry (*Henri*).
Beaufils (*Antoine-Amand*).
Belleville (*Pierre-François*).
Benneteux (*François-Joseph*).
Bertrand (*François*).
Binet (*Pierre-Joseph*).
Bizet (*Pierre-Joseph*).
Blanc (*René-Jean*).
Blondeau (*Jean-Marie*).
Boggio (*Antoine*).
Boin (*Constantin-Amédée-Victor*).
Boisselier (*Jean-Louis*).
Bonnet (*Thomas*).
Bony père (*Pierre-Victor*).
Bony fils (*Louis-Victor*).
Borne (*Louis*).

Boulmet (*Charles-Philibert*).
Bourdeau (veuve), née Couturier.
Branchard (*François-Thomas*).
Brassier (*Guillaume*).
Burel (*François-Alexandre*).
Burodeau (*François*).
Caillet (*Jean-Jacques*).
Calmus (*Jean*).
Camus (*Joseph*).
Carmoy (*Charles*).
Carpentier (*Jean-Baptiste*).
Cassin (*Jean-Guillaume*).
Cattin (*Dominique*).
Charpentier (*Jean*).
Chaumont (*Bernard*).
Chivanier (*Claude-Paul*).
Clairet (*Richard*).
Commènes (*Henri*).
Corret (*Louis*).
Couderc (*Jean*).

Crépion (*Louis*).
Danel (*Laurent-Philippe*).
Daré (*Louis*).
Daubier (*Jean*).
Daullé (*Alphonse-Adrien*).
Deblond (*Joseph-Denis*).
Dedidier (*César-Michel*).
Degrains (*Jean-Baptiste*).
Delaube (*Jacques*).
Deleuze (*François-Charles*).
Desclaux (*Jacques-Guillaume*).
Devienne (*Pierre-Hippolyte*).
Donfeld (*Nicolas*).
Dortenset (*Jean-François-Etienne*).
Douchet (*Louis-Maurice*).
Ducert (*Jean-Guillaume*).
Duclos (*Joseph*).
Ducrey (*Antoine*).
Dufoix (*Auguste*).
Duny (*Jean-Edouard*).
Dupin (*Jean-Louis*).
Duthoit (*César-Benjamin-Joseph*).
Duvivier (*Philippe*).
Egasse (*Vincent-Marie-Joseph*).
Faudin (*Pierre-Charles*).
Ferrière (*Alphonse*).
Feltz-Ferrière (*Auguste-Antoine*).
Fichel (*François*).
Follet (*Noël-François*).
Fourcy (*Alexandre-Victor*).
Fourot (*François*).
François (*Pierre*).
François (*Pierre-Joseph*).
Franck (*Jean-André*).
Friche (*Joseph*).
Fritz (*Philippe*).
Gaab (*François-Ignace*).
Gilain (*Aimé-Henri*).
Goubet (*Nicolas-Joseph*).
Goudrant (*François-Joseph*).
Gouliart (*Pierre*).
Granier (*Etienne*).
Grégy (*Pierre-Anselme*).
Gremel (*Philippe*).
Grenier (*Pierre-Louis-Claude*).
Guebbard (*Louis*).
Guerin (*Nicolas-Guillaume*).
Guerin (*Alexis-Pierre-Théodore-Joseph*).
Guignasse (*Alexandre*).
Guyard (*Jean-Charles-Paul*).
Hastroffer (*Jean*).
Hauty (*Patient*).

Hébé (*Jean-Joseph*).
Henry (*Michel-François*).
Héroghier (*Charles-Archange*).
Houard (*Joseph-Napoléon*).
Jardy (*Anne*).
Jeancolas (*Jean-Pierre*).
Jeandé (*Nicolas-Christophe*).
Jolivet (*Jacques-Claude*).
Jonnon (*Joseph*).
Joriman (*Félix*).
Julien (*Antoine*).
Krantz (*François-Antoine*).
Labbé (*Théophile-Isidore*).
Lalain (*François-Alexandre*).
Lallemant (*Jean-Baptiste*).
Lambert (*Guillaume*).
Laoût (*Toussaint-Antoine*).
Larme (*François-Adel*).
Laurent (*Victor*).
Lebachelier (*Thomas*).
Lebègue (*Nicolas-Jean-Louis*).
Leclerc (*Jacques-René*).
Lecointre (*Christophe*).
Lecomte (*Joseph*).
Lecourt (*François*).
Leduc (*Michel*).
Legros (*Philippe*).
Lejupon (veuve), née *Marie-Joséphine*
  Charlot.
Lemoine (*Alexandre*).
Letemple (*Nicolas*).
Lobjoit (*Louise*, femme).
Lucien (*Stanislas*).
Marcotte (*Paul-François*).
Martin (*Charles*).
Marzolff (*Jean-Théophile*).
Michel (*Charles*).
Michel (*Claude*).
Millet (*Philippe-Joseph*).
Millet (*Claude-Louis*).
Mohlan (*Martin-Joseph*).
Morand (*Charles*).
Moreau (*Claude-Jean-Gabriel*).
Moreau (*Pierre-Charles*).
Motteau (*Michel-Cyriaque*).
Mougey (*Charles-François-Xavier*).
Mulloteau (*Cyprien-Jacques*).
Nicolas (*Étienne*).
Noël père (*Michel*).
Noël fils (*Michel*, dit *Larivière*).
Nolin (*Étienne-Henri*).
Ouvrard (*Jean-François*).

Papelard (*Melchior*).
Patoux (*François*).
Paul (*Pierre*).
Petit (*Jean*).
Phalip (*Alexandre*).
Pharaon (*Joanny*).
Plais (*Pierre*).
Poilliot (*Denis*).
Poinsot (*François*).
Ragonnet (*Pierre-Joseph*).
Renaud (*Jean-Joseph*).
Ribout (*Jean*).
Robert (*Jean*).
Roblot (*Sébastien*).
Rosse (*Séraphin-Étienne*).
Roughol (*Antoine*).
Roussel (*François-Sébastien-Émile*).
Saint-Oyant (*Adélaïde*, femme).
Sallé (*François*).
Sauty (*Toussaint-Nicolas*).
Sédille (*Jules-Honoré*).
Séel (*Pierre-Jean-Baptiste*).
Septien (*Jacques-Nicolas*).
Sérougo (*Jean-Louis-Pierre*).
Simon (*Marie-Simon-Auguste*).
Tabary (*Louis*).
Tesson (*Jacques*).
Théry (*Pierre-Marie*).
Thibaut (*Charles*).
Thouet (*Nicolas-Joseph*).
Tillier (*Jean-Baptiste-Matthieu-Raphaël*).
Vaguener (*Jean-François*).
Varin (*Denis-Honoré*).
Varlet (*René-Louis*).
Vergnol (*Pierre*).
Virtel (*Joseph-Bonaventure*).
Vuillemain (*Alexis-Ferdinand*).
Viradoux (*Louis-Robert-Marin*).
Weisser (*Louis-Antoine*).

BLESSÉS DE IIᵉ CLASSE.

Iʳᵉ CATÉGORIE.

Brunet (*Jean*).
David (*Jean-Charles*).
Dubois (*Pierre-François*).
Engéser (*Jean*).
Gibert (*Pierre-Louis-Adrien*).
Gomot (*Louis-Félix*).
Migette (*Édouard - Théophile - François - Remy*).

Papaillou (*Célestin-Alexandre-Édouard*).
Schneiners (*Nicolas*).
Suttin (*Jean-Louis-Isidore*).
Tripet (*Louis-Adolphe*).

11ᵉ CATÉGORIE.

Aubrée (*Philippe-Gabriel*).
Benard (*Christophe*).
Bonnet (*Jacques-Louis*).
Cavarot (*Jean-Claude*).
Chabaud (*Barthélemy*).
Chauffard (*Jean-Louis*).
Chavignot (*Jean-Baptiste*).
Coiffier (femme), née *Marie-Louise* Laurence.
Delorme (*Antoine*).
Échalie (*Jean*).
Gallerand (*Jacques-Achille*).
Gentilhomme (*Charles*).
Gravant (*Paul-Nicolas-Zacharie*).
Jue (*Édouard-Stanislas*).
Largillière (*Baptiste-Édouard*).
Largillière (*Catherine*, femme).
Lecomte (*Louis-Noël*).
Lefort (*Louis-François*).
Paut (*François-Aignan*).
Plaque (*Louis-Charlemagne-François*).
Ridoux (*Louis-Charlemagne-François*).
Sotter (*François*).
Thenlot (*Jean-Marie*).

CAS EXCEPTIONNELS.

Vielle (veuve).
Bénard.
Motteau.
Jacquet (veuve).
Cavarot.
Rosse.
Ridoux.
Nancy (veuve).
Bourgogne.
Grout (femme).
Paut.
Gremel.
Lebachelier.
Froger.
Gentilhomme.
Cottin (veuve).
Ster (veuve).

IX.ᵉ ARRONDISSEMENT.

BLESSÉS DE Iʳᵉ CLASSE.

Alis.
Aubry (*Guillaume*).
Avinant (*Jean*).
Bagniol (*Tiers*).
Balitout (*Jean-Marie*).
Bayard (*François*).
Bellanger (*Louis-Pierre*).
Barassat (*François*).
Bellorgé (*Louis*).
Beret (*Jean*).
Bergeron (*Denis*).
Bertrand (*Jean-Baptiste*).
Bertrand (*Nicolas*).
Bicquet (*Jean-Baptiste*).
Binet (*Jacques*).
Blanchefort.
Bonnefoy (*Pierre-Victor*).
Bonnet (*Jean-Pierre*).
Bouchard Masson (*Christine*).
Bouché Appé (*Auguste*).
Boucher (*Marie-Catherine*).
Boulaud (*Pierre*).
Bougeard (*André-Vincent*).
Bourgeois (*Augustin*).
Braconnier (*Jean-Baptiste*).
Bridou (*Pierre*).
Brunet (*Charles*).
Buferrat (*Pierre*).
Buhelferd (*Jean-Arnould*).
Buis (*Pierre*).
Caron (*Henri-Joseph*).
Cauzier (*Nicolas*).
Cavallier (*Pierre*).
Cellier (*Edme-Nicolas*).
Charles (*Louis-Antoine*).
Chaumonté (veuve), née *Françoise* Bersault.
Chausson (*Joseph*).
Chauvin (*Nicolas-Étienne*).
Chenet (*Victor*).
Chevrier (femme), née *Marie-Marguerite* Petit.
Cinget (*Edme*).
Civé (*François*).
Civé (*Cohendy*).
Claudion (*Ignace*).
Cligny (*Claude*).

Colas (*Pierre-François*).
Collot (*François*).
Coste (*Jean-Baptiste-Edme*).
Cottin (*Louis-Jacques*).
Coullaud (*Charles-Robert*).
Croué (*Jean*).
Dantant (*Louis-François*).
Dary (*Auguste*).
Deffauchaud (*Antoine-Jean*).
Defranc (*Napoléon-Félix-Joseph*).
Delarue (*Félix*).
Delattre (*Louis-Prosper*).
Denis (*Louis*).
Deroudot (*Jean-Léonard*).
Desplintes (*Louis*).
Devillaz (*Benoît*).
Dixmier (*François*).
Dubiez (*Louis*).
Dubois (*Claude-Jean-Jacques*).
Dubos (*Adèle*).
Dugat (*Jean-Henri-Charles*).
Duhamel (*Jean-Pierre-Marie*).
Dumont (*Léonard*).
Dumont (*Louis*).
Dupin (*François*).
Durantin (*Étienne*).
Ferrand (*Joseph*).
Filian (*Jean-Baptiste*).
Fleschel (*Jean-Marie-Aimé*).
Fleury (*Auguste*).
Flocon (*Marie*).
Fontaine (*Nicolas*).
Freuzet.
Gandonnière (*Jean*).
Gautier (*Nicolas-Joseph*).
Gavet (*Jean-François*).
Genot.
Georges (*François*).
Gérard (*Jacques*).
Germain (*Jean*).
Ginesty (*François*).
Giroux (*Auguste*).
Gœury (*Pierre-Marie*).
Gohin (*Charles*).
Gorce (*Étienne*).
Grenier (*Lucien-Gilbert*).
Gruat (*Pierre-Joseph-Victor*).
Guillemin (*Blaise-Frédéric*).

Guitter (*Nicolas*).
Hardy (*Gustave-Hippolyte*).
Henri (*Claude-Alexandre*).
Hordé (*Marie-Anne-Victoire*).
Huet (*François-Xavier*).
Humbert (*Auguste*).
Jacquart.
Jouhanneau (*François*).
Isambart (veuve).
Jugand (*Nicolas-Harnière*).
Lavergne (*Jean*).
Leblanc (*Louis*).
Leblaye (*Joseph-Marie*).
Leclerc (*Pierre-François*).
Lecoq (*Joseph*).
Lefebure (*Jacques-Pierre*).
Lefèvre (*François*).
Lefèvre (*Jacques-Madeleine*).
Lefèvre (*Louis-Dominique*).
Legendre (*François*).
Legras (*Louis-Henri*).
Leleu (*Louis*).
Leloi.
Leneveu (*Julien*).
Leroy (*Joseph*).
Leroy (*Antoine-Jacques-Charles*).
Leroy (*Jacques-Julien*).
Lincourt (*Félix*).
Lourdereau (*Pierre-Placide*).
Lucas (*Michel*).
Magnac (*Louis-Marie-Pierre*).
Magnier (*François*).
Mallet (*François*).
Maréchal (*Lieuvain-Emmanuel*).
Marquet (*Joseph*).
Masson (*Jean-Baptiste*).
Mégret (*Marie-Julien*).
Michel (*Alexandre*).
Miller (*Nicolas*).
Millet (*Philippe-Joseph*).
Miné.
Moreau (*Jean-Baptiste*).
Mereau (*Pierre*).
Morin (*Claude*).
Morin (*Pierre-Joseph*).
Moté (*Jean-Charles*).
Muret (*François*).
Nicolle (*Guillaume*).
Normand (*Louis*).
Paris (*Jean*).
Perrier (*Jean-Baptiste*).
Pierrat (*Pierre-Victor*).

Pinaigre (*Stanislas*).
Pinson (*Claude*).
Ponsardin (*Joseph*).
Poulain (*Jean-Louis-Victor*).
Prévost (*Florentine*).
Prévost (*Georges*).
Porcher (*Victor*).
Pellart (*Pierre*).
Rassencourt (*Jean-Charles-Guillaume*).
Rigal (*Jean-Baptiste*).
Rioult (*Auguste*).
Rousseau (*François*).
Rivaud.
Riboule.
Saint-Denis (*Louis-Antoine*).
Sauton (*Charles*).
Sauvageot (*Jean-Baptiste*).
Schwaertzel (*Jérôme*).
Serrefontaine (*Pierre-François*).
Serre (*Pierre*).
Servajean-Desgouttes.
Sinet (*Jacques*).
Sornet (*Benoît*).
Soulier (*Jean-Jacques*).
Targe (*Jean-Louis*).
Tamant (*Auguste*).
Tarmine.
Thomas (*Adolphe*).
Trajet (*Pierre*).
Tripet (*Louis-Adolphe-Albert*).
Turmine (*Laurent-Pierre*).
Vaujois (*Pierre*).
Legé (*Nicolas*).
Fessy (*Jean*).
Guichemerre (*Gabriel*).
Daigremont (veuve), née *Jeanne-Agathe* Rivière.
Stoff (*Hippolyte*).
Begand.
Cherot.
Fournier.
Desprez (*Charles-Joseph*).
Gamory (*Barthélemy-Sylvain-Alexis*).
Goulard (*Pierre-Claude*).
Jacquemin (*Arnould*).
Jolly (*Louis-Constant*).
Lizerand (*Jean-Baptiste-Nicolas*).
Mailly (*Pierre-Marie*).
Cazan (*Isaac*).
Lanne (*Jean-Maurice*).
Bénard (*Hyacinthe*).
Bourjot (*Jacques*).

BLESSÉS DE IIᵉ CLASSE.

Iʳᵉ CATÉGORIE.

Chorrié (*Pierre-Auguste*).
Couthon (*Antoine*).
Delfosse (*Jean-Joseph*).
Lavigne (*Charles*).
Maran (*François*).
Rohaut (*Ambroisine*).

IIᵉ CATÉGORIE.

Adam (*Jean-Etienne*).
Alexandre (*Henri*).
Aubin (*Augustine*).
Brabant (*Lambertine*).
Caillard (*Jean-Charles-Julien*).
Deroussy (*Pierre-Charles*).
D'Étienne (*Antoine*).
Druet (*Jean-François*).
Duchâteau (*Denis-Pascal*).
Duluc (*Louis-Philippe*).
Genette (*Joseph*).
Gros (*Louis*).
Gueniot (*Joseph*).
Guichemerre (*Gabrielle*).
Julin (*Marie-Aglaë*).
Lefort (*Pierre-Nicolas*).
Maltaire (*Joseph*).
Marescot (*Pierre*).
Monnot (*Jean*).
Papon (*François*).
Plauque (*Jean-Baptiste*).
Poilliot (*Denis*).
Rigaut (veuve).
Roux (*Jean-Théodore*).
Hudry (*Anselme*).

CAS EXCEPTIONNELS.

Masson.
Gaulard.
Lecoq.
Riboulle.
Marie.
Adam.
Besson.
Parigot.
Rigaut (veuve).
Roux.
Schwartzel.
Paris.
Miné.
Gavet.
Julin.
Jouanneau.
Granger.
Chauvin.
Bouchard.
Pruvost.
Megevent (veuve).
Robichet.
Gallois.
Bagnos.
Despréaux.
Maret.
Servajean-Desgouttes.
Texerat.
Rochet.
Musset.
Fleury (veuve).
Bouteiller (veuve).
Fourré.
Milleret.
Dubus (veuve).
Ravier (femme).

Xᵉ ARRONDISSEMENT.

BLESSÉS DE Iʳᵉ CLASSE.

Audinet.
Adnet (*Laure-François*).
Adolphe (*Louis*).
Allaire (demoiselle *Catherine*).
Anfonso (*Dominique-François*).
Aubert.
Aeuvrard (veuve).
Angellier (*Charpentier*).

Bellavoine (*Jean-Baptiste*).
Bellay (*Vincent-Joseph*).
Blonde (*François-Henri*).
Bacoff-Montmachou.
Bouillon.
Breuillé.
Bourgoin.
Bury (*Pierre-Joseph-Louis*).
Bidault (*Jacques*).
Champet.

Chaslin (*Augustin-Martin-Ibe*).
Chevron (*Étienne-Charles*).
Conan (*Pierre*).
Cormont (*François*).
Coulon (*Jean-Pierre-Victor*).
Dauvergne.
Debont (*Jean*).
Defer (*Casimir-Alphonse*).
Delage (*Jean*).
Delaruelle (*Jean-Jacques-Rousseau*).
Delamare (*Louis-Marie*).
Deruelle (*Adolphe-Auguste*).
Delgrey (*Charles*).
Despax (*Luc-Hippolyte*).
Detilly (*Auguste-Guy-Marie*).
Deutsch (*Jules*).
Digard (*Jean-Nicolas*).
Doudoux (*Charles*).
Duchêne.
Duchesne (*Jean-Pierre*).
Duheron *dit* Morillon (*Jean-Baptiste-Louis*).
Dupuis.
Fabre (*Guillaume*).
Favry.
Fournière.
Frazé (*François*).
Gaillard (*Claude*).
Gasnier.
Gautier (*Agricole*).
Goury (*Jean-Louis-Alexandre*).
Goussard (*Hippolyte*).
Gélinon.
Gouvrit (*François*).
Granger (*François*).
Harpé (*Edme-Frédéric*).
Hauplon.
Henrion.
Hildebrand (*Joachim*).
Huot (*Adolphe*).
Jamois (*Alexis*).
Jacquin.
Keller.
Lacour (*François-Auguste*).
Laurain (*Louis-Joseph*).
Laveau (*Jean-Baptiste*).
Lawandowski.
Lecellier (*Pierre*).
Leclerc (dame), née *Marie* Flogny.
Ledier (*Jacques-Antoine-Joseph*).
Lefort (*Jean-François*).
Lemarchand (*Dominique*).
Levron (*Jean*).

Lepage (*Bernard*).
Lignot (*Eugène*).
Ligué (*Jean-Marie*).
Lucien (*Joseph*).
Maher (*Jean-Louis-Joseph*).
Marsan (*François-Prosper*).
Martel (*Jean*).
Mathias (*Louis*).
Mathieu (*Nicolas*).
Midi.
Mourant (*Jean-Baptiste*).
Naulin.
Noël (*Christophe*).
Patrix (*Jean-Baptiste*).
Petit (*Jacques-Marie*).
Petit-Jean (*Antoine-Louis*).
Pignot (*Pierre-Denis-Vincent*).
Polliot (*Louis-Antoine*).
Parent.
Pradeau (*Jean*).
Quemain (*Hippolyte*).
Radu.
Roger (*Jean-Louis*).
Ratery (*Césaire*).
Reny (*Louis-Antoine*).
Roizard (*Edme-Léger*).
Rousselot (*Jacques*).
Roy (*Jean-Louis*).
Roy (*Jean-Baptiste*).
Salin (*Théodore-Florentin*).
Schrember (*Jacob*).
Séguin (*Pierre-François*).
Tabellion (*François-Michel*).
Torcapel (*Alexandre-Joseph*).
Totel (*Michel*).
Tournecuiller (*Pierre-Denis*).
Vinont (*Jean-Jacques*).
Viéni (*Marie-Hubert*).

BLESSÉS DE IIe CLASSE.

Ire CATÉGORIE.

Mathelin (*François*).
Benoist (*Antoine-Auguste*).
Debooz (*Stanislas-Jean-Baptiste*).
Andriot (*Jean-François*).
Chignard (*Louis-David*).
Poinsard (*Charles*).

IIe CATÉGORIE.

André (*Étienne*).
Chrétien (*Jean*).

Collet (*Jacques*).
Caron (*Louis-Joseph*).
Blondin (*Léonard*).
Delétré (*Charles-Joseph*).
Guilman (*Jean-Louis*).
Tampucci (*Alexandre-Pierre-Nicolas*).
Cholot (*Jean-Pierre*).
Levieil (*Ferdinand-Théodore*).
Raffron (*Louis-Perruquot*).
Lamarche (*Augustine-Catherine-Eustache*).
Auvray (*Louis-Antoine-Gratien*).
Laroche (*François*).
Guennebault (*Charles*).
Delalaisse (*Hippolyte-François*).
Letur (*Bélisaire*).
Leneveu (*Pierre-Modeste-Julien*).
Brun (*David-Henri*).
Canque (*Laurent*).

Lecomte (*Jean-François*).
Sisco (*Édouard*).
Donard (*Constant-Jacques*).
Aernoudt (*Jacques-Cornille*).
Roulot (femme), née *Joséphine-Émilie*
 Labbé.
Pipard (*Frédéric-Gustave-Adolphe*).

CAS EXCEPTIONNELS

Anfonso.
Brun.
Chrétien.
Guennebault.
Lecomte.
Aeuvrard (dame).
Prévost.
Seguin.
Tampucci.

XIᵉ ARRONDISSEMENT.

BLESSÉS DE Iʳᵉ CLASSE.

Almes (*Amédée*).
Antoine (*Jean-Baptiste*).
Audras.
Bacarisse (*Étienne*).
Babon.
Bain.
Barbay.
Bardy (*François*).
Benaris.
Bertrand (*Jean-Baptiste*).
Bertrand (*Joseph*).
Bertrand (*Prosper*).
Benard.
Berrier.
Billard.
Blanc (*Jacques*).
Blondeau (*Adolphe-Auguste*).
Boivoileau.
Boudon (*Jean*).
Bourdon.
Bourderon.
Braquehay.
Brunot.
Canguilhem.
Chardon (*Eugène-Antoine*).
Charadâme (*Sulpice-Charles*).
Carbonnier.
Cardiou.

Cassan (*Jean-Marie*).
Cazeau.
Chignard (*Louis-David*).
Chotin (*Jean-Nicolas*).
Clément.
Clérambault.
Cochin (*Nicolas*).
Constant (*Lambert*).
Corrot (*Jacques*).
Couturier (*Pierre-Gabriel*).
Damery.
Danger (*Louis-Denis*).
Delaître.
Delahalle (*Louis*).
David (*Charles-Eugène-Marie*).
Dasy (*Henri*).
Delaunay (*Édouard*).
Douchet (*Joseph*).
Faivre (*Jacques-Auguste*).
Faure.
Fayal.
Fontan.
Fortier (*Edme-François*).
Frémont.
Fréville (*Henri*).
Girard.
Glatz (*Jules-Philippe*).
Goastalla.
Gombert (*François*).
Goubé.

Guyot-Lagrange.
Granger (veuve).
Granger (*Louis*).
Gruaz (*Henri*).
Hotelin (*Georges*).
Havrez.
Huard (*Jean*).
Imbert (*Marguerite*).
Jacquemin (*Claude*).
Keercher (*Jean*).
Koschwitz (*Frédéric-Christophe*).
Lafosse (*Nicolas-Élie*).
Lafon (*Isidore*).
Lallemant (*Jean-Baptiste*).
Lambert (*Ferdinand*).
Landry (*Jules-Alexandre*).
Lavigne (*Eugène-Alexandre*).
Lasnier.
Lauvel.
Leblanc (*Philippe*).
Lelièvre.
Lépine.
Leriche.
Luquet (*Jean*).
Mailly (*Pierre-Marie*).
Mangeard (*Louis-Charles*).
Maréchal.
Marie.
Martau (*Pierre*).
Mauger.
Menard (*Hippolyte-François*).
Menessier (*Telisse*).
Meret.
Michaud (*Théodore-Nicolas-François*).
Moncelet (*Pierre-Joseph-Auguste*).
Mony (*Joseph*).
Moret (*Arsène*).
Nadaillac.
Noël.
Naudot (*François*).
Obriot (*François*).
Olivier (*Louis*).
Paquet.
Paufart.
Pecota (*Jean-Baptiste*).
Pelart (*Jean*).
Pellissier (*Jean*).
Petel (*François*).
Petit (*Pierre*).
Petithomme (*Maxime*).
Philippe (*Jean-Baptiste*).
Poisson (*Eugène*).

Postel (*Jean-Baptiste*).
Quiervel (*Louis-Nicolas*).
Rémond (*René*).
Renaudin (*Pierre-Jean-François*).
Rey (*François*).
Ricaud.
Richard (*Constant-Joseph*).
Roubeaux.
Roubé (*Joseph*).
Rodier (*Claude*).
Sainval.
Savary (*Pascal-Casimir*).
Scellier.
Schwember.
Sevestre (*Louis-Adolphe*).
Saint-Remy.
Richeux (*Charles*).
Tailland (*Simon*).
Taverne.
Touvenin.
Tourneur (*Louis-Joseph-Alexandre*).
Vasselin (*Jean-Marie-Toussaint*).
Viccharelly.
Grosse-Durocher.
Alois.
Boyard.
Chancelle (*Louis*).
Calmette.
Foliot.
Michel.
Cugny (*Antoine*).
Ferdinand.
Frich (*Jean*).
Lepesteur.
Lorquet.
Lafond.
Offmann.
Lambert.
Menessier.
Bonnard.
Terchou (*André-Achille*).

BLESSÉS DE IIe CLASSE.

1re CATÉGORIE.

Ambroisiny.
Bison (*Jean-François*).
Cuinat (*Alexandrine-Jeanne*).
Chevreton (*Pierre-Louis*).
Eymond (*Jean-Antoine*).
Grusse (*Antoine*).
Lair (*François-Jacques-Camille*).

Lemercier (*Joséphine*).
Marchand (*Jean-Baptiste*).
Ruelle (*Philippe*).

11ᵉ CATÉGORIE.

André (*Pierre-Auguste-Constant*).
Aubert (*Aimé-François-Joseph*).
Auvrest (*Edouard-Gabriel*).
Bécriaux (*Jean-Marie-Julien*).
Bailly (*Charles-Louis-François*).
Devigny-Tesson (*François*).
Duheltz (*Henriette*).
Delatre (*François*).
Duroché (*Jean-Claude*).
Espagnac (*Pierre*).
Gaud (*Louis*).
Granger (*Jean-Hubert*).
Gauthié (*Jean-Pierre*).
Gournay (*Alphonse*).
Joubert (*Antoine*).
Lemar (*Jean*).
Lecordier (*Jean-François*).
Léger (*Robert-François*).
Mayr (*Prosper*).
Marin (*Marie-Benoît*).
Neisse (*Pierre-Amand*).
Olary (*Bernard*).
Plessis (*Pierre-Michel-Constant*).
Radiguel.

Roquet (demoiselle *Louise-Adélaïde*).
Saussay (*Pierre-Isidore*).
Sicart (*François-Jacques*).
Volpilhac (*Jean*).
Verneuil (*Jean-François*).

CAS EXCEPTIONNELS.

Ambroisiny.
Bécriaux.
Bacarisse.
Coupé (veuve).
Chenon (veuve).
David.
Duroché.
Danger.
Eymond.
Labarbe (dame).
Moret.
Mayr.
Olary.
Philippe.
Plessis.
Radiguel.
Richard.
Roquet.
Sicard.
Tesson-Devigny.
Verneuil.
Volpilhac.

XIIᵉ ARRONDISSEMENT.

BLESSÉS DE Iʳᵉ CLASSE.

Antonie (*Michel-Louis*).
Augier (*Pierre*).
Aubert (*Louis-François*).
Buhaillon (*Isidore*).
Berger (*Jacques*).
Berson (*Alphonse*).
Brunel (*Séraphin*).
Chéry (*Louis*).
Crevel (*François*).
Caillot (*Jacques*).
Curot (*Bénigne-Paul*).
Clément (*Jean-Baptiste*).
Cordier (*Guillaume-Eugène*).
Bayard (*Pierre-Amand*).
Cugney (*Antoine*).
Carrier (*François-Antoine*).
Rabaud (*Charles*).

Thouillot (*Pierre*).
Fontaine (*Pierre*).
Hamel (*Clément*).
Deboulogne-Lavertu (*André*).
Picard (veuve), née *Marie-Madeleine Bernard*.
Abraham (*Pierre*).
Baronot (*Louis-Antoine*).
Brossel (*Jean*).
Chiniard (*Pierre*).
Amovic (*Auguste*).
Duval (*Pierre-Lacroix*).
Boucher (*Hippolyte*).
Abgras (*Yves*).
André (*Nicolas*).
Bénard (*Mathurin*).
Brossard (*Pierre-François*).
Carriero (*Pierre*).
Boisseau (*Jean-Baptiste*).

Bévalet (*Pierre-Louis*).
Cormery (*Pierre-François*).
Chauvin (*Gabriel-François*).
Cohindet (*Jean-Baptiste*).
Planquet (*Thomas*).
Duguet (*Philippe-Victor*).
Coquelin (*Charles-Jean*).
Charles (*Jean-Baptiste*).
Rouget (*Charles*).
Salmon (*Pierre*).
Gallas (*Jacques*).
Lefèvre (*Marie-Sébastien*).
Léger (*Paul-François*).
Rietsch (*Charles*).
Jacquet (*Nicolas*).
Gaspard (*Louis-Victor*).
Lombard (*Jacques*).
Couturier (*Michel*).
Thiebault (*Denis*).
Rochrig (*Philippe*).
Hesdé (*Emmanuel*).
Defer (*Jean-Antoine*).
Vesnat (*François*).
Germain (*Pierre-François*).
Lecoq (*Jean-Michel*).
Clairambault (*Jean-Hippolyte*).
Derré (*Louis-Jean*).
Larcher (*Pierre-Auguste*).
Noala (*Jean*).
Lavaine (*Antoine-Honoré*).
Coquel (*Pierre*).
Vinelli (*Eloy-Joseph*).
Duban (*Jean*).
Lamirault (*Jean-Charles*).
Dubourg (*Jean-Jules-François*).
Roblin (*Louis-Simon*).
Lamirault (*Pierre-François*).
Kaudapain (*Auguste*).
Demangeot (*Sébastien*).
Storr (*Michel*).
Desprez (*René-François*).
Got (*Jean-Baptiste*).
Lemaire (*François-Jean*).
Duval (*Pierre-Antoine-François*).
Fontalive (*Antoine*).
Huet (*Pierre-Jules*).
Gautier (*Louis-Marie*).
Guichard (*Jean-Michel*).
Fréchon (*Hubert*).
Malifait (*Pascal*).
Trétrel (*Jean-François*).
Lecomte (*Françoise*).

Lallemand (*François*).
Roussel (*Jean-François*).
Prévost (*Georges*).
Fénérolle (*Antoine*).
Gosse (*Joseph*).
Vincent (*Jean-François*).
Vaudavyver (*Antoine-François*).
Debuire (*Louis*).
Crémier (*Jacques*).
Lenoir (*Jean-Marie-François*).
Barbier (*Pierre-Louis*).
Vandenhorik (*Jean-Michel*).
Sautol (*Jacques-Achille*).
Deshayes (*Jean-Marie*).
Tripet (*Louis*).
Hérisson (*Jean-Baptiste*).
Laurent (*Jean-Baptiste*).
Toussard (*Pierre-Julien*).
Grignon (*Jean-François*).
Virlon (*Sylvain*).
Sassey (*Antoine-Jean*).
Smagge (*Jean-Victor*).
Houbert (*Louis-Antoine*).
Mousseaux (*Jean-François*),
Poupard (*Páris*).
Pignol (*Jean-Baptiste-François*).
Plisson (*Laurent-François*).
Mercier (*Maximilien*).
Planquet (*Thomas*).
Prévost (*Jean-Louis*).
Victor (*Nicolas*).
Legrand (*Victor-Louis-Pierre*).
Marc (*Jean-Louis*).
Maulvaux (*Jean-André*).
Michel (*Claude*).
Bertrand (*Sébastien*).
Perrot (*Thomas*).
Gérard (*Charles*).
Laval (*Michel-Charles*).
Manuel (*Henri*).
Leconte (*Pierre-Joseph-Philippe*).
Rocmart (*Jean-Victor*).
Langlumé (*Charles-Quentin-Joseph*).
Salegny (*Louis-Alphonse*).
Gilles (*Jean-Désiré*).
Guénebault (*Etienne*).
Pouard (*François-Charles*).
Prudhomme (*Jean-Michel*).
Marchand (*Marie-Louise*).
Leroy (*Maximilien-Claude*).
Laporte (*Jacques*).
Pigeon (*Jean-Xavier*).

Lambert (*Pierre-Fortuné*).
Samson (*Jean-Pierre*).
Chertier (*Vivant*).
Châtelain (*Barthélemy*).
Noyal (*Etienne*).
Vaillant (*Auguste-Joseph*).
Maugras (*René*).
Thierré (*Jacques*).
Descharnes (*Jean*).
André (*Claude*).
Rousselet (*Jean-Théodore*).
Hernu (*Antoine*).
Poirier (*Jean-Claude*).
Grelle (*Matthieu-François*).
Ythier (*Pierre-François*).
Petit (*Michel*).
Billard (*Louis-Pascal*).
Bienloin (*Emile-Adrien*).
Brulard (*Jacques-Parfait-Victor*).
Dumas (*Adolphe-Amand*).
Lefèvre (*Thomas-Louis*).
Somny (*Bastien*).
Soyer (*Guillaume*).
Duthoit (*César-Benjamin*).
Bernier (*Pierre*).
Gros (*Louis*).
Jacquinet (*Antoine*).
Busson (*René*).

BLESSÉS DE IIᵉ CLASSE.

Iʳᵉ CATÉGORIE.

Proux (femme), née *Jeanne* Chaudron.
Certain (*Pierre-Marie*).
Carbonnet (*Claude-Victor*).
Ennebecque (*Joseph-Matthieu*).
Fraizy (*Pierre-Marie*).
Félizat (*Claude*).
Faurot (*Jacques*).
Gachedarize (*Jean-Baptiste*).
Grégoire (*Louis-Nicolas*).
Imbert (*Marguerite-Victoire*).
Kramel (*Auguste*).
Lanternier (*Jean*).
Ménager (*Jean-Baptiste-Hippolyte*).
Martinet (*Antoine*).
Montpellier (*Pierre*).

Pécourt (*Stanislas*).
Poirson (*Claude-Antoine*).
Renard (*Jean-Baptiste*).

IIᵉ CATÉGORIE.

André (*Paul*).
Aurouze (*Joseph*).
Borgmann (*François-Joseph*).
Barrois (*Aurélie-Sophie*).
Bildé (*Antoine*).
Bachelier (*Jean-Marie*).
Chanonat (*Pierre-Adolphe*).
Coquet (*Pierre-François-Félix*).
Chartier (*Jean-Nicolas*).
Clément (*Joseph-Nicolas*).
David (*Louis-Romain*).
Deshayes (*Jacques-Henri*).
Guéroult (*Jean-François-Alexandre*).
Heurtoux (*Antoine-Etienne*).
Jolly (*Edme-Nicolas-Henri*).
Larcher (*Pierre-Louis-Alexandre*).
Larry (*Auguste*).
Mesure (*Louis*).
Mongin.
Putos (*Louis-Antoine*).
Raboulin (*Claude-Jean*).
Rogé (*Jean-Maurice*).
Rouland (*Gervais*).
Ternwsky (*Paul*).
Thibault (*Jean-Baptiste*).
Tranchant (*François*).
Wirth (*François-Ignace*).
Lévêque (*Charles-Auguste*).

CAS EXCEPTIONNELS.

Carlier (*Jean-Baptiste*).
Châtelain (*Barthélemy*).
Giroux (*Jean-Baptiste*).
Kramel (*Auguste*).
Lebal (*Caroline*).
Maupin (*Marie-Clémentine*).
Guet (*Joséphine-Françoise*).
Rocmort (*Jean-Victor*).
Voisin (*Jean-Baptiste*).

XIIIe ARRONDISSEMENT (SAINT-DENIS).

BLESSÉS DE Ire CLASSE.

Barbier (Jean-Baptiste).
Bourgadier (Michel).
Bouvier (François-Simon).
Claude (Louis).
Corberon (Jean).
Ducher (Jean).
Duvalet (Victor-Michel).
Gérard (François-Etienne).
Godard (veuve).
Gouillard (Etienne).
Hérodier (Charles).
Hussof (Jules-Christophe).
Yecolmann (Jean-Joseph).
Yvan (Alexandre).
Lainé (Georges-Louis-Magloire).
Laplace (Pierre-François-Napoléon).
Latour (François).
Leblanc (Louis-Joseph).
Lecomte (Louis-Etienne).
Lefèvre (Germain-Ambroise).
Laurent (veuve), née Leguay.
Lesur (Henri).
Petit (Antoine).
Petit (Pierre).
Pinon (Pierre).
Protais (Charles).
Robinet (Jean-Louis).
Stoskoff (Michel).
Berlet (Jean-François).
Borand (Augustin).
Boucher (Jacques-Louis).
Collet (Claude-François).
Davarond (François).
Duchemin (François-Gustave).
Forgeur (Pierre-Louis).
Guillaume (Jean).
Guillon (François).
Lallemand (Alexandre-Tancrède).
Leclair (Sébastien).
Lechargnat (Jean-Martin).
Lheureux (Nicolas-Hubert).
Marque (Jean-Joseph).
Petlot (Pierre).
Simonet (Charles).
Giscard (Victor-Amédée).
Hugues (Edouard).

Varsch (Matthieu).
Decaux (Pierre).
Taché (Henri-Gilbert).
Dauchel (Jean-Alexandre).
Renault (Jean-Louis).
Belmont (Auguste).
Bellay (demoiselle), née Madeleine-Françoise des Rivières.
Chaperon (Maurice).
Chapotin (Jules-Joseph).
Delahay (Louis-Nicolas).
Dury (René).
Grunerberg (François).
Guillemin (Denis).
Jammet (Jean-Baptiste-Auguste).
Job (Louis-Toussaint).
Mandel (John-Bern).
Martin (Henri).
Muller (Louis-Marie).
Paris (Jean-Pierre).
Servais (François).
Baussieu (Jacques).
Bourdel (Pierre-Désiré-Napoléon).
Doussin (Claude).
Ledoux (Maurice-Noël).
Belay fils (Jules-Henri).
Bihbain (François).
Paillard (Louis-Edme).
Belay père (Philippe).
Bouvier (François).
Fanot (Tancrède-François).
Gabiroux (Denis).
Graffet (Pierre-François).
Kirsek (Verner).
Picard (Pierre).
Riolet (Louis-Pierre).
Schenhers (Jean-Baptiste).
Tranchon (Marie-Charlotte, dame).
Texier (Léonard).
Billiet (Placide).
Chartier (Pierre-Albert).
Gillet (Jean-Jérôme).
Surain (Jean-Jules).
Robert (Jean-Étienne).
Laugeard (Jean-Guillaume-Forgeot).
Richard (Edouard).
Pasquier (Marin).
Deare (Jean).

Dumas.
Chatard (*Gabriel-Etienne*).
Lavallée (*Sébastien*).
Teyssier (*Joseph-Auguste*).

Roger (*Antoine*).
Pavy (*François*).
Veron (*Jean-Antoine*).
Vogèle (*Jean-Baptiste*).

BLESSÉS DE IIᵉ CLASSE.

Iʳᵉ CATÉGORIE.

Boulonnier (*Nicolas*).

IIᵉ CATÉGORIE.

Briex (*Jean*).
Ducloy (*François-Joseph*).
Durant (*Louis-Simon*).
Hanry (*François*).
Henry (*Michel-François*).
Lemoine (*Etienne-Pascal*).
Koslosky (*Hubert*) dit Chevrier.
Pinteur (*Léonard-Jean*).
Renout (*François-Victor*).
Roy (*Aubin*).

CAS EXCEPTIONNELS.

Belay père (*Philippe*).
Belay fils (*Jules-Henri*).
Belay (*Auguste-Jean*).
Boutiller (veuve), née Guillemin.
Chef (*Jean-Baptiste*).
Camus (dame), née *Marie-Marguerite-Reine* Julien.
Dauteuil (dame), née *Marie-Geneviève* de Gournay.
Frary-David (*Pulchéry*).
Lambert (*Anne-Marguerite*).
Leconte (*Louis-Etienne*).
Lefèvre (*Jean-Louis*).
Mariage (dame), née *Rose* Laborie.
Tranchoy (*Marie-Charlotte*, femme).

XIVᵉ ARRONDISSEMENT (SCEAUX).

BLESSÉS DE Iʳᵉ CLASSE.

Coulon (*Pierre-François*).
Gache (*Jean-Marie*).
Valto (*Jacques*).
Mathias (*Louis*).
Simon (*César-Pierre*).
Gruat (*Henri*).
Davaguier (*François*).
Legris (*Jean-Baptiste*).
Hubert (*Denis*).
Tournecuillert (*Piere-Denis*).
Gillain (*Antoine-Louis*).
Bouchez (*Pierre*).
Pasquier (*Jean-Mathurin*).
Lusia (*Joseph*).
Willem (*Rollin*).
Sallé (*François*).
Landoin (*Etienne*).
Siès (*François-Félix*).
Voillard (*Jérôme-Pierre*).
Utinet (*Richard-Etienne*).
Chavoin (*Nicolas*).
Julien (*Guillaume*).
Lesage (*Brutus*).

Mielleau (*Pierre*).
Mathié (*Julien*).
Rigoux (*Jean-Baptiste*).
Cailtiau (*Simon*).
Raganeau (*Matthieu*).
Gautier (*Agricole*).
Lamy (*Jean-Baptiste*).
Jauret (*Jacques*).
Michel (*Germain-Marie*).
Desclays (*Louis*).
Marchand (*Emmanuel*).
Faccony (*Gaëtan*)
Demonteil (*Paul*).
Schwend (*Adolphe*).
Houssel (*Louis-Jacques-Léonard*).
Auvray (*Jean-François*).
Bazin (*Jean-Matthieu*).
Dallet (*Pierre-François*).
Vasselin (*Victor*).
Bouchez (*Michel*).
Villecoq (*Alexandre*).
Samson (*Jean-Claude*).
Hubert (*Pierre-Joseph*).
Bezières (*Jacques-Cyr*).
Destauret (*François-Marie*).

Chomergue (*Jean*).
Jouquenoux.
Sonnette.
Desfemmes (*Sylvain*).
Godard (*Jean*).
Deschamps (*Denis*).
Dumaulet.
Delamarre.
Saint-Denis.
Boudin (*Pierre-Joseph*).
Tampicy.
Fechaux.
Merisnée.
David (*Charles-François*).
Trouvé (*Charles-Antoine*).
Abeil (*Jean-Ramond*).
Colin.
Cornet.
Barroin (*Simon-Auguste*).
Truelle (*Victor-Nicolas*).
Gautier (*Jean*).

BLESSÉS DE IIe CLASSE.

Ire CATÉGORIE.

Davagnier (*Sébastien*).

Heurteau (*Jean-Nicolas*).
Personnet (*Jacques*).
André (*Jacques*).

IIe CATÉGORIE.

Chanu (*Jean-Louis*).
Devillers (*Jean-Jacques*).
Gallois (*Jean-Marin*).
Jamin (*François-Onésime*).
Lurienne (*Tranquille*).
Lucquet (*Armand-Julien*).
Pichon (*Jean-Pierre*).
Peigné (*Jean-Théodore*).
Prost (*Claude-Marie-Frédéric*).
Salamitte (*François*).
Verbois (*Jean*).

CAS EXCEPTIONNELS.

Defaut (*Nicolas*).
Mauger.
Sciès (*François*).

LISTE NOMINATIVE DES VEUVES,

ORPHELINS, ASCENDANS ET BLESSÉS,

AUXQUELS IL A ÉTÉ ACCORDÉ DES INSCRIPTIONS DE RENTES.

Iᵉʳ ARRONDISSEMENT.

VEUVES.

Gallois, née *Anne* Cuisan.
Nouillier, née *Victoire* Testard.
Gadbin, née *Marie* Andriolle.
Bonnet, née *Mathurine* Chasseloup.
Caurière, née *Jeanne* Berger.
Ollivier (*Barbe*), née *Marie-Louise-Catherine* Quinault.
Pagel, née *Marguerite* Agnus.
Surmont, née *Marie-Joséphine* Gremillon.
Bailliache, née *Alexandrine* Crozade.
Louvet, née *Magdeleine-Agnès* Godard.
Tison, née *Sophie-Gabrielle* Mony.
Monmarqué, née *Alexandrine-Élisa* Faïbre.
Beaumet, née *Marie-Julienne* Lallemand.

ORPHELINS.

Bonnet (*Claude-Joseph*).
Louvet (*Théodore-Adrien*).
Monmarqué (*Louis-Alexandre-Félix*).
Tison (*Alexandre-Louis-Auguste*).
Tison (*Marie-Félix-Antoine-François*).
Tison (*Julie-Sophie-Élisa*).
Surmont (*Marie-Joséphine*).
Monmarqué (*Jean-Henri-Gustave*).
Gadbin (*Alexandre*).
Caurière (*Xavier-François*).
Caurière (*Marie*).
Niles (*Pierre*).
Beaumet (*Désiré-Matthieu*).
Beaumet (*Eugène-Célestin*).
Gallois (*César*).
Gallois (*Alexandre*).
Nardin (*Nicole-Euphrasie*).
Nardin (*Camille-Valérie-Emilie*).
Nardin (*Marie-Claudine-Philéas*).
Brunet (*Marie-Charlotte-Eugénie*).
Louvet (*Julienne-Euphrasie*).

Noël (*Jeanne-Clémentine*).
Cousin (*Adèle-Alphonsine*).
Cousin (*Eugénie-Augustine*).
Fauve (*Philogone-Virginie*).
Poutrait (*Isabelle-Julienne*).
Pagel (*Catherine*).
Pagel (*Marie-Marguerite*).
Bailliache (*Marie-Alexandrine*).

ASCENDANS.

Delatre (*Charles*) et sa femme *Marie-Anne-Sophie* Derougemont.
Vicq (*Jean-Antoine*) et sa femme *Charlotte-Rosalie* Delahaie.
Gallois (*Pierre-Martin*) et sa femme *Françoise-Barbe* Gautier.
Lerouge (*François*).
Bailliache (*Louis-Théodore*) et sa femme *Marie-Françoise* Brocard.
Bourdillat (*Jean-Charles*).
Legoult (veuve), née *Rosalie* Delahaye.
Beugnot (*Claude*).
Biron (veuve), née *Catherine-Laporte*.
Blin (*Michel-René*).
Curier (*Guillaume*) et sa femme *Marie* Jaubert.
Dugard (*Pierre*) et sa femme *Anne-Marie* Reisdorff.
Valluche (veuve), née *Marie-Anne* Bousquet.
Tridon (veuve), née *Marie-Jeanne* Begrant.
Veschambre (veuve), née *Marie-Anne* Fournier.
Nilès (*Corneille*).
Cointrelle (veuve), née *Angélique* Nicolle.
Leduc (*Jacques*) et sa femme *Marguerite-Bertin* Champs.

Ancelin (*Aimé-Druon-Joseph*) et sa femme
   Marie-Anne-Josèphe Michin.
Munier (*Jean-François*) et sa femme *Hélène*
   Berulet.
Beaumet (*Matthieu*) et sa femme *Louise*
   Drouot.
Fauve (*Nicolas*).

BLESSÉS DE IIIᵉ CLASSE.

Beaudet (*Jean-Baptiste*).
Belmont (*Jacques-Marie*).
Bonazi (*François-Marie*).
Bottet (*François-Alexandre*).
Chastelus (*Claude-Marin*).
Coréa (*François*).
Dapensca *dit* Alphonseca.
D'Hivers (*Claude-Étienne*).
Tellier (*Charles*).
Judée (*Jean-François*).
Mouart (*Nicolas-Michel*).
Rancillon (*Jacques*).
Thibert (*François-Théodore*).
Favotte (*Édouard*).
Dethuin (*Eustache*).
Sunleithner (*François*).
Maillard (*Laurent*).

BLESSÉS DE IVᵉ CLASSE.

Crottet (*Pierre-Marie*).
Haubner (*Ignace-Venuslains*).
Mercou (*Guillaume*).

BLESSÉS DE Vᵉ CLASSE.

Ferlet (*Marie-Thomas*).
Mutelle (*Antoine-Jacques*).

BLESSÉS DE VIᵉ CLASSE.

Baillache (*Marie-Alexandrine*).
Nardin (*François-Victor*).
Poutrait (*Claude*).

BLESSÉS DE VIIIᵉ CLASSE.

Mondidier (*François*).
Lehot (*Jean-Baptiste*).
Truc (*Charles-Ferdinand*).

CAS EXCEPTIONNELS.

VEUVES.

Grimond (*Marie-Joséphine*).
Lafontaine (*Catherine*).

ORPHELINS.

Spelte (*Marguerite-Caroline*).

IIᵉ ARRONDISSEMENT.

VEUVES.

Vanesse, née *Marie-Josèphe* Thirion.
Philippe, née *Marie-Nicolle* Rougeaux.
Lafont, née *Didière* Roger.
Lavigne, née *Magdeleine* Renoust.
Albert, née *Marie* Perrot.
Troulard, née *Catherine* Masson.
Broust, née *Marie-Geneviève*.
Hallard, née *Angélique-Ursule* Lan.
Chandepic de Boiviers, née *Augustine-Marie-*
   Victoire Denuelle.
Jouvencel, née *Rosalie-Laurence* Bataille.
Girard, née *Geneviève-Angélique-Françoise*
  Barth.
Ozanne, née *Blandine-Françoise-Magde-*
  leine Picard.

ORPHELINS.

Philippe (*Jean-Louis*).
Troulard (*Nicolas*).

Broust (*Françoise-Victoire*).
Chandepic de Boiviers (*Emmeline-Sophie*).
Lavigne (*François*).
Vanesse (*Alphonse-Joseph*).
Girard (*Alexis-Alexandre*).
Troulard (*Marie*).
Girard (*Emma-Célestine*).

ASCENDANS.

Blondeau (*Jeanne-Henriette*), veuve Tur-
  lure.
Bottereau (*Marie-Catherine*), veuve Ba-
  taille.
Bougeard (*Julienne*), veuve Dutaud.
Chabot (*Joseph*).
Deguet (*Marie-Nicolle*), femme Pacraud.
Frasseta (*Catherine*), veuve Bastelica.
Gauvenet (*Pierre-Antoine*) et sa femme
  Marie-Adélaïde Gy.
Genon (*Jean-Jacques-François*) et sa femme
  Hélène Gouslet.

Giraldon (*Étienne*) et sa femme *Marie-Louise* Bonial.
Girard (*Jean-Pierre-Grégoire*) et sa femme *Marie-Geneviève* Payen.
Lafond (*Louis-Élie-Marin*) et sa femme *Aimée-Élisabeth* Legrain.
Lavigne (*Jean*) et sa femme *Marie-Colombe-Étiennette* Jobert.
Lecronier (*Cécile*).
Musy (*Jean-Louis*) et sa femme *Élisabeth-Joséphine* Bouvier.
Paturaud (*Sylvain*) et sa femme *Ursule* Perrot.
Picard (*Françoise*), veuve Mignot.
Ridé (*Marie*), veuve Cormies.
Rousseau (*Nicolas-Antoine*) et sa femme *Marie-Louise* Mercier.
Sanlot (*Jean-Pierre*) et sa femme *Marie-Anne-Marguerite* Quesney.
Sené (*Jean-Baptiste-Fleury*) et sa femme *Françoise-Henriette* Forcuit.
Vachet (*Louise*), veuve Trouillard.
Vidalene (*Antoinette*).
Joly (*Jean*) et sa femme *Claude-Françoise* Morin.
Miltegen (*Jean*) et sa femme *Anne* Claisse.
Laure (*Marie-Catherine*), veuve Simonneau.

BLESSÉS DE IIIᵉ CLASSE.

Dray (*François*).
Marie (*Charles-Ambroise*).
Sauron (*Marie*).
Toussaint (*Joseph*).
Payard (*Pierre-Antoine*).
Ollé (*François-Alexandre*).
Chambiron (*Pierre-Antoine*).
Alcan (*Léon*).
Charbonnier (*Nicolas*).
Cassaigne (*Maurice-Ange*).
Deguingattes (*Louis-François-Joseph*).
Dedidier (*Jean-Joseph*).

Guilhemané (*Jean-Baptiste*).
Besse (*Pierre*).
Grujard (*Pierre*).
Fourmaux (*Louis-Joseph*).
Leclaire (*Jean-Adrien*).
Mathiot (*Jean-Marie*).
Léon (*Alexandre-Louis*).
Édouard (*Pierre-Florent*).
Lapillon (*Pierre-Victor*).
Cablé (*Jules*).
L'Homme (*Dominique-Marie*).
Menessier (*Louis-Amand*).
Dargeavel (*Hélène*).

BLESSÉS DE IVᵉ CLASSE.

Domer (*François-Hippolyte*).
Maury (*Pierre-François*).
Moutardier (*Hortense*).
Fonchin (*Jean*).
Flizet (*Jean-Louis*).
Duvignaud (*Pierre*).
Delavaux (*Sylvain*).
Delacombe (*Alexandre-Fortuné*).
Daret (*François-Noël*).
Colonge (*Isidore*).
Calame (*François-Xavier*).
Martinon (*Joseph*).

BLESSÉS DE Vᵉ CLASSE.

Remond (*Jean-François*).
Levallois (*Henriette-Alexandrine*).
Hamel (*Adrien-Jean-Nicolas-Louis*).

BLESSÉS DE VIᵉ CLASSE.

Montessuy (*François*).
Poque (*Beauvais*).
Thomas (*Pierre*).
Pacot d'Yenne (*Jean-François-Louis-Numa*).
Gentil (*Joseph-Adolphe*).
Boissonnade (*Michel*).
Greverath (*Achille-Simon*).

IIIᵉ ARRONDISSEMENT.

VEUVES.

Nicot, née *Louise-Joséphine* Aubert.
Goichot, née *Alphonsine* Jourdain.

Schmuttermaier, née *Marie-Madeleine-Cécile* Leguiller.
Neveu, née *Françoise-Renée* Rondeau.
Loutreuil, née *Catherine* Chalier.

Chappe, née *Marie-Jeanne* Cervais.
Rossignol, née *Marie-Flore* Tailleur.,
Dubray, née *Germaine* Jeanniot.
Gibert, née *Marie - Louise - Constancé*
    Gautier.
Lamollière, née *Marie-Esther* Thévenot.
Raillard, née *Laure-Bathilde* Trécourt.
Weir, née *Elisabeth* Schmit.
Thomasset, née *Jeanne-Emilie* Clément.
Mondot, née *Marguerite* Gibrat.
Miel, née *Elisabeth-Nicolle* Letellier.
Isambard, née *Marie-Catherine* Monel.

ORPHELINS.

Rossignol (*Jean-Baptiste-Charles*).
Thomasset (*Charles-Clément-Edouard*).
Nicot (*Georges-Nicolas-Charles*).
Nicot (*Euphémie-Joséphine*).
Lamollière (*Esther-Félicité*).
Mondot (*Jean*).
Mondot (*Agnès*).
Milon (*Marie-Adèle*).
Miel (*Eugénie-Anne*).
Raillard (*Antoine-Esprit*).
Drier (*François*).
Drier (*Ferdinand-Isidore*).
Drier (*Emile-Constance*).
Naré (*Elisa-Céleste-Victoire*).
Naré (*Honorine-Eugénie*).
Naré (*Adèle-Victoire*).

ASCENDANS.

Schumettayer (veuve), née *Marie-Anne*
    Thecles-Handiverck.
Raillard (*Antoine*) et sa femme *Marguerite*
    Morault.
Savinas (veuve), née *Catherine* Roman.
Lallemand (*Dominique*) et sa femme *Anne*
    Broucard.
Boibien (*Blaise*) et sa femme *Marie-Félicité*
    Fourny.
Crozel (*Jean-Marie*).
Guérin (*Jean-Baptiste*) et sa femme *Marie-*
    Anne Reigner.
Nicot (*Nicolas*) et sa femme *Françoise* Du-
    puis.
Loutrenil (veuve), née *Marie* Simon.
François de Franzenberg (*André-François*).
Chalamon (*Gervais*) et sa femme *Marie-Rose*
    Chénon.

Dubray (*Jacques*) et sa femme *Marie* Fon-
    taine.
Chappe (*Nicolas*) et sa femme *Anne* Gervais.
Crespel (*Jean-Louis-François*) et sa femme
    Bernardine-Françoise Hornez.
Perrin (*Aimé*) et sa femme *Jeanne* Bothollier-
    Lasquin.
Vannier (*Jean*) et sa femme *Marguerite-*
    Catherine Pillet.
Manchon (*Jean-Baptiste*) et sa femme *Marie-*
    Charlotte Bertrand.
Légé (*René*) et sa femme *Jeanne-Julie* Samp-
    son.
Hapel (*François-Jacques-Charles*) et sa femme
    Rose-Scolastique Rouvin.
Desportes (*Simon*) et sa femme *Cécile-Adé-*
    laïde Larchant.
Mercier (veuve), née *Marie-Jeanne* Sébillon.
Landemaine (*Louis*).
Thibaut (*François*).
Maire (veuve), née *Marie-Louise* Bessoles.
Lamollière (*François*).
Gassion (*Michel*).
Bimont (veuve), née *Marie-Jeanne* Giron.

BLESSÉS DE IIIᵉ CLASSE.

Vergne (*François*).
Abrial (*Jean-Baptiste*).
Grognet (*Pierre-Michel*).
Max (*Alphonse-Nicolas*).
Duheront (*Henri-Didier*).
Prouteau (*Jean*).
Vidalène (*Pierre*).
Vignol (*Marguerite*), veuve Delsolle.
Dujardin (*Julie*).
Dumesnil (*Pascal*).
Binet (*Louis-François*).
Cléry (*Nicolas-Alexandre*).
Lartigue (*Jean-Baptiste-Antoine*).
Vallon (*Hippolyte*).
Kohler (*Pierre-Joseph*).
Perroud (*Pierre-Laurent*).
Beaufrère (*Narcisse*).
Isambard (*Pierre-Léandre*).
Loinard (*Jacques-Charles*).

BLESSÉS DE IVᵉ CLASSE.

Guillaume (*Henri-François*).
Béguin (*Benjamin-Amédée*).
Pépin (*Jean-Baptiste*).
Deleymerie (*Jean*).

Lahollande (*Louis-Auguste*).
Hamelet (*Pierre-Thomas*).

BLESSÉS DE Ve CLASSE.

Consigny (*Amand-Joseph*).
Mainières (*Jean-Antoine*).

BLESSÉS DE VIe CLASSE.

Naré (*Claude*).
Drier (*Philippe*).
Dupont (*Jules-François*).
Cortès (*Balbino*).

BLESSÉS DE VIIe CLASSE.

Déglise (*Pierre*).
Bailly (*Louis*).
Sébire *dit* Beaupré (*Céleste*).

CAS EXCEPTIONNELS.

VEUVES.

Schaffenberger, née *Louise-Jeanne* Roth.

ORPHELINS.

Rossignol (*Alexandre-Florentin*).
Thibaut (*Victoire-Reine*).
Kohler (*Louis-Henri*).
Kohler (*Joseph*).
Darmas (*François-Marie*).
Bois (*Marie*).
Fouillet (enfans).

ASCENDANS.

Vieille-Marchiset (*Claude-François*).
Lourmet (*Jean*) et sa femme *Jeanne* Couders.
Lesouchu (*Joseph-Marie*) et sa femme *Marguerite-Françoise* Sabotier.
Subée (*Françoise*).
Houley (*Amant-Constant*).

BLESSÉS.

Cotte (*François*).

IVe ARRONDISSEMENT.

VEUVES.

Deboves, née *Marie-Madeleine* Charton.
Cheron, née *Philippine-Anne-Anastasie* Ledru.
Labsolu, née *Anne-Jeanne* Vallée.
Denet, née *Marie-Euphrasie* Dailly.
Brizevin, née *Marie-Félicité* Bayot.
Gatineau, née *Mélanie* Chanvier.
Cave, née *Alexandrine-Eulalie* Chamot.
Dupont, née *Élisabeth* Garet.
Rabut, née *Barbe* Gelin.
Brossolette, née *Marie-Jeanne* Guilpain.
Basse, née *Julie* Jacquet.
Cuvier, née *Jeanne-Ursule* Landriot.
Couder, née *Madeleine* Lazée.
Pottin, née *Marie-Louise* Lainé.
Desveaux, née *Floréal-Elisabeth* Lemaître.
Schram, née *Geneviève* Michel.
Savy, née *Françoise* Pimolinier.
Couve, née *Marie-Rose* Bidou *dit* Lenoir.
Gravelle, née *Justine-Florence* Matthieu.
David Henry, née *Marie-Jeanne* Meunier.
Chevalier, née *Jacqueline* Sauzay.
Plechot, née *Claudine* Vernier.

Rocton, née *Marie* Lafond.
Estivin, née *Françoise* Cattin.
Schlinker, née *Barbe* Bésange.
Nageotte, née *Anne* Desay.
Waroguy, née *Marie-Catherine* Receveur.

ORPHELINS.

Denet (*François-Joseph*).
Denet (*Louise-Joséphine*).
Schram (*Dominique*).
Schram (*Cécile-Adrienne*).
Daizai (*Marie*).
Deboves (*Joséphine-Marguerite*).
Gabrielle (*Philippe*).
Brizevin (*Ferdinand*).
Brizevin (*Marie-Nicolle*).
Chevalier (*Antoine*).
Chevalier (*Jeanne*).
Couder (*Éléonore-Narcisse*).
Gravelle (*Jules-Auguste*).
Chéron (*Jean-Antoine-Marc*).
Rocton (*Michel-François*).
Brossolette (*Louis-Joseph*).
Brossolette (*Antoine-Marie*).

13

Pontier (*Pierre-Jean*).
Pontier (*Marie-Rose*).
Rabut (*Simon-François*).
Rabut (*Gustave*).
Pottin (*Marie-Françoise*).
Rabut (*André*).
Gatineau (*Marie-Madeleine*).
Gatineau (*Éléonore-Fortuné*).

ASCENDANS.

Singer (veuve), née *Marie-Catherine* Amand.
Brizevin (*Jean-Baptiste*) et sa femme *Marie-Anne* Genois.
Brotel (*Joseph*).
Dablin (*Jean*) et sa femme *Marie-Madeleine-Adélaïde* Cadot.
Rabut (veuve), née *Hélène* Macard.
Lafrance (*Louis*) et sa femme *Anne-Jeanne-Perine* Conin.
Desvaux (*Jacques*).
Lamel (*Jacques*) et sa femme *Françoise* Mongenot.
Delasauvagère (*Louis*) et sa femme *Catherine* Guitton.
Chevalier (veuve), née *Marie-Jeanne* Michelet.
Pottin (*Louis*) et sa femme *Marie-Françoise* Delaitre.
Fouontange (*Jean-Antoine*) et sa femme *Adélaïde-Geneviève* Leroux.
Déhon (veuve), née *Marie-Louise-Adélaïde* Fouquet.
Gravelle (*Louis-François*) et sa femme *Suzanne-Catherine* Valet.
Joly (veuve), née *Julie-Françoise-Dominique* Gherebaert.
Borde (*Jean*) et sa femme *Élisabeth* Jarroffroy.
Dalliffard (veuve), née *Marguerite-Marie-Louise-Joséphine* Pigache.
Buzenot (*Jacques*).
Janin (*Pierre*) et sa femme *Marie-Joséphine* Patoy.
Lepas (veuve), née *Reine* Rigolet.
Plechot (*Pierre*) et sa femme *Jeanne* Dupont.
Labsolu (veuve), née *Marie-Françoise* Langlois.
Couve (veuve), née *Marie-Élisabeth* Drapier.

Ballet (veuve), née *Catherine-Joséphine* Doneu.
Daisay (*Gaspard*), née *Barbe* Routin.
Vaneau (*Suzanne-Pierre-Laurent*).
Prudon (*Claire*), femme Letellier.
Basset (veuve), née *Joséphine* Doc.

BLESSÉS DE III° CLASSE.

Morand (*Joseph-Louis*).
Renaudin (*Antoine-Auguste*).
Courtade (*Edme-Marie*).
Appert (*Victor*).
Dupont (*Anne*).
Durand (*Claude-Ferdinand*).
Aly-Hamet.
Boucher (*Hubert-Eugène*).
Boulouse (*Pierre-Yon-Anatole*).
Crespin (*François-Joseph*).
D'Hallu (*Nicolas*).
Geoffroy (*Célestin*).
Giguet (*Marie-Françoise*).
Delafosse (*Jean-Pierre*).
Malsergent (*André*).
Moreau (*Jacques*).
Moulin (*Ernest-Louis-Thimothée*).
Prod'homme (*Victoire-Jean*).
Quenot (*Jacques-Brunot*).
Sermet (*Joseph-Marie*).

BLESSÉS DE IV° CLASSE.

Aubois (*Charles*).
Bailly (*Charles*).
Leblond (*Sébastien-Auguste*).
Leclerc (*Adrien-Constantin-Florent*).
Leharenger (*Pierre-Céleste*).
Mons (*Jean-Pierre*).
Pauchet (*Jean-Baptiste*).
Samin (*Jean-Joseph*).
James (*Adolphe-Hippolyte*).
Poard (*Denis-Rigobert*).
Cieutat (*Martin*).

BLESSÉS DE V° CLASSE.

Louchelart (*Marie-Françoise*).
Miguel (*Jean-Edouard-Marcelin*).
Moinet (*Louis-Augustin*).
Rebour (*Antoine-Eugène*).

BLESSÉS DE VI° CLASSE.

Fribourg (*François*).
Hamot (*Antoine*).

Thery (*Louis-Augustin*).
Dutillieul (*Henri*).
Pontier (*Pierre*).
Maubrey (*Nicolas*).

BLESSÉ DE VIIIᵉ CLASSE.

Basteau (*Clément*).

CAS EXCEPTIONNELS.

VEUVES.

Cailiet, née *Marie-Louise-Sophie* Brun.
Charpentier, née *Marie-Louise-Victoire* Launau.

Masse, née *Anne-Josette* Morel.

ORPHELINS.

Manget (veuve), née *Jeanne-Antoinette* Dufourneau; pour son fils.
Labarthe (*Marie-Gabrielle*).
Charpentier (*Victoire-Mélanie*).
Charpentier (*Eloi-Pulchérie*).
Ducastel (*Marie-Anne*).
Masse (*Joséphine-Hortense*).
Masse (*François-Léon*).
Masse (*Victoire-Elisabeth*).

Vᵉ ARRONDISSEMENT.

VEUVES.

Boulnois, née *Marie-Madeleine* Bridans.
Cathala, née *Anne-Madeleine* Brunet.
Cheviron, née *Marie-Louise-Aimée* Nanon.
Cholet, née *Marie-Anne* Rossignol.
Dartois, née *Jeanne* D'Enfer.
Gaveau, née *Marie-Caroline-Claudine* Modini.
Langlois, née *Rose* Challois.
Lemonnier, née *Marie-Louise-Antoinette* Buisson.
Lorcet, née *Marie-Louise-Éléonore* Mauge.
Michaut, née *Cécile-Justine-Josèphe* Debaisieux.
Pasquin, née *Marie-Jeanne-Françoise* Desnoyers.
Reiser, née *Marie-Clotilde* Mabile.
Sauer, née *Marie-Sibille* Speen.
Nicolas, née *Marie-Louise* Fournier.
Berger, née *Adélaïde* Levasseur.
Robin, née *Anne-Marie* Gautier.
Hutin, née *Marie-Barbe* Cottin.
Rigoigne, née *Marie-Marguerite* Dudret.

ORPHELINS.

Lepoidevin (*Jean-François*).
Lepoidevin (*Étienne-Victor*).
Lepoidevin (*Marie-Françoise-Florentine*).
Cottin (*Nicolas*).
Cottin (*Virginie-Stéphanie*).
Denance (*Charles-Auguste*).
Sauer (*Jean*).
Sauer (*Anne-Catherine*).

Debray (*François-Victor*).
Debray (*Jean-Baptiste-Théodore*).
Lorcet (*Charles-Victor*).
Lorcet (*Gabrielle-Virginie*).
Cholet (*Alexis-Ernest*).
Cholet (*Charles-André*).
Cholet (*Eugène-Constant*).
Rigoigne (*Adélaïde*).
Rigoigne (*Louise-Désirée*).
Berger (*Louise-Victoire*).
Boulnois (*Catherine-Joséphine-Alexandrine*).
Révérant (*Euphémie-Flore*).
Langlois (*Marie-Victoire*).
Langlois (*Frédéric*).
Aubry (*Auguste-Joseph*).
Aubry (*Alphonsine*).
Lucas (*Charles-Romain*).
Michaut (*Victor*).
Michaut (*François*).
Meunier (*Louise-Gabrielle*).

ASCENDANS.

Barbier (*Joseph*) et sa femme *Marie-Anne-Virginie* Lefèvre.
Boulnois (veuve), née *Catherine-Aldegonde* Guille.
Dedieu (*Joseph*) et sa femme *Marie-Antoinette* Depardon.
Genouille (*Jean-Sébastien*) et sa femme *Pierrette* Goddeau.
Grosjean (*Nicolas*) et sa femme *Françoise* Manigard.
Leduc (*Jean-François*) et sa femme *Euphrosine* Ducoin.

Langlois (*Jean*).
Postanque (*Charles*).
Mignon (*Jacques*) et sa femme *Jeanne-Marie Louise*.
Veau (*Jean-Louis*) et sa femme *Marie-Jeanne Razé*.
Biron (*Pierre*).
Ducroux (veuve), née *Huguest* Bonnet.
Barret (veuve), née *Marie-Madeleine* Damien.
Labosse (*Pierre-Louis*) et sa femme *Marie-Anne* Gueron.
Guillou (*Pierre*) et sa femme *Michel* Lefloch.
Sauer (*Jacques*).
Langlois (*Guillaume-Marie-Louis*) et sa femme *Mariette* Léonore.
Julien (*Louis-Amédée*).
Barbier (*Claude*) et sa femme *Jeanne* Jamot.
Bonal (*Pierre*) et sa femme *Françoise* Claret.

BLESSÉS DE IIIᵉ CLASSE.

Beausse (*Louis-Michel-Pierre*).
Besnard (*Pierre-Joseph-Charles*).
Cochard (*Jean-Louis*).
Delaunay (*Laurent-Nicolas-Auguste*).
Goyon (*Jacques*).
Joly (*François*).
Joly (*Louis-Édouard*).
Lechalier (*Étienne-Jean*).
Moussu (*Louis-Thomas*).
Patrice (*Étienne-Frédéric*).
Sagniez (*Louis*).
Couturieux (*Dominique*).
Deligny (*Jean-Julien-François-Gabriel*).
Corvée (*Louis-Charles*).
Laine (*Marie-Henriette-Joséphine*, femme).
Lecomte (*Marie-Françoise-Alexandrine*).

BLESSÉS DE IVᵉ CLASSE.

Adam (*Gabriel*).
Alexandre (*Jacques*).

Bonafous (*Alexis-Jérôme*).
Bruillon (*Jean-Baptiste*).
Jullian (*Armand-Camille*).
Leclerc (*Nicolas*).
Mèche (*Joseph*).
Pepin (*Jean-Baptiste*).

BLESSÉS DE Vᵉ CLASSE.

Martin (*Antoine*).
Brocard (*Clément-François*).
Delaporte (*Modeste-Victor*).
Élie (*François-Joseph*).
Lesage (*Nicolas-François*).
Mugnier (*Antoine*).
Nativelle (*Louis-Hippolyte*).
Lasalle (*Marie-Catherine-Sophie*).

BLESSÉS DE VIᵉ CLASSE.

Tirbaque (*Bernard*).
Raviquet (*Julien*).
Quillier (*André-Claude*).
Lepoidevin (*Jean-Baptiste-Thomas*).
Lebreton (*Édouard-Constant*).
Herbinière (*Jean-Pierre*).
Cana (*Joseph-Louis*).
Blanc (*Sébastien*).
Bienvenu (*Jean*).

BLESSÉS DE VIIIᵉ CLASSE.

Aubry (*Jean-François*).

CAS EXCEPTIONNELS.

VEUVES.

Grindel, née *Aimable-Thérèse* Denis.
Trou, née *Catherine* Roullier.
Lavie (*Justine-Marguerite*).

ORPHELINS.

Grindel (*Zéline-Émilie*).
Grindel (*Achille-Elphège-Eugène*).
Lavadou (*Louis-Sulpice-Camille*).
Lavadou (*Jules-Casimir*).

VIᵉ ARRONDISSEMENT.

VEUVES.

Bouchés, née *Marie-Jeanne-Adélaïde* Sevin.
Bouvenot, née *Louise-Ursule* Darmerval.
Brasseux, née *Sophie-Joséphine* Quinard.

Candellier, née *Catherine* Luriau.
Dommain, née *Jeanne* Lefèvre.
Gamsie, née *Rose-Élisabeth* Bénédit.
Genouille, née *Marie-Madeleine-Détalonné* Bénard.

Massé, née *Marie-Jeanne Lemont*.
Testu, née *Barbe-Françoise Brou*.
Braun, née *Reine-Victoire Derode*.
Duchemin, née *Victoire-Nicole* Laurence.
Garreau, née *Marie-Françoise* Lefortier.
Gobillot, née *Marie-Françoise-Adélaïde* Saint-Just.
Leblanc, née *Guislaine Boos*.
Mion, née *Hélène-Louise* L'Habitant.
Pinard, née *Marie-Geneviève-Noël* Detable.
Petermann, née *Madeleine Ritz*.
Paupe, née *Marie-Louise* Paupe.
Moroy, née *Marguerite-Pierrette* Aumassy.
Gambaré, née *Louise-Henriette* Heurteux.
Prévost, née *Hélène Dimey*.
Simon, née *Élisabeth* Legrier.
Pignol, née *Geneviève-Austreberthe* Andreca.
Monsimier, née *Jeanne-Françoise* Berthe.
Mancel, née *Joséphine* Berard.
Boyer, née *Antoinette* Brioude.
Petit-Pas, née *Marie-Éléonore* Hubert.
Pascot, née *Philiberthe* Dechapaud.
Lepetit, née *Marie-Catherine-Charlotte* Richer.
Lanoix, née *Julie-Henriette* Mathieu.

ORPHELINS.

Braun (*Marie-Joséphine*).
Braun (*Pierre-Frédéric*).
Braun (*Augustin-Jean*).
Thebert (*Pauline-Joséphine*).
Marsil (*Pierre-Joseph*).
Vavasseur (*Étienne-Jules*).
Vavasseur (*Jacques-Emmanuel*).
Pascot (*Louis*).
Prévost (*Sylvain*).
Petit-Pas (*Louis*).
Dommain (*Jean-Baptiste*).
Candellier (*Laurent*).
Candellier (*Louis-Joseph*).
Gambaré (*François-Jean-Louis*).
Gambaré (*Charles-Joseph-Hippolyte*).
Gambaré (*Joséphine-Louise*).
Gambaré (*Angélique-Louise-Adélaïde*).
Massé (*Félix-Marie*).
Paupe (*Louis-François-Hyacinthe*).
Paupe (*Joséphine*).
Pétermann (*Jean*).
Pétermann (*Nicolas*).
Pétermann (*Marguerite*).
Moucheur (*Pierre-Ferdinand-Charles*).

Leblanc (*Auguste-Joseph*).
Leblanc (*Edouard-Louis-Augustin*).
Leblanc (*Céline-Elisabeth*).
Duchemin (*Adolphe-Charles*).
Duchemin (*Clémence-Victorine*).
Gœusse (*Marie-Thérèse-Sophie*).
Martin (*Marguerite-Estelle*).
Mancel (*Joséphine-Jeanne*).
Mancel (*Caroline-Augustine-Joséphine*).
Gamsie (*Joséphine*).
Gobillot (*Adélaïde-Anastasie*).
Brasseux (*Joseph-Michel-Antoine*).
Boyer (*Jean-Baptiste*).
Bouches (*Charlotte*).
Simon (*Marie-Elisabeth*).
Garreau (*Désirée-Emilie-Anne*).
Lanoy (*Louise-Marie*).
Moroy (*Paul-Joseph-Alfred*).
Grand (*Marthe*).

ASCENDANS.

Saucy (veuve), née *Antoinette* Berthelot.
Dommain (*Pierre*).
Jouvente (*Pierre*) et sa femme *Pignolet* Rondel.
Drouez (*Jean-Baptiste-François*) et sa femme *Marie-Françoise* Boncey.
Gaffet (*Jean-Pierre*).
Garreau (veuve), née *Marguerite* Robineaux.
Lanoy (*Marguerite-Françoise-Antoinette*).
Causin (*Etienne*) et sa femme *Marie-Thérèse-Heyronime* Coste.
Doennel (*Nicolas-Bonnaventure*) et sa femme *Marie-Françoise-Angélique* Nepveu.
Parsy (*Jean-François*) et sa femme *Marianne-Victoire* Houchart.
Pignol (veuve), née *Antoinette* Versepuy.
Mandaroux (*Joseph*) et sa femme *Marianne* Pousson.
Saulnier (veuve), née *Marie-Geneviève* Pillot.
Boullé (veuve), née femme *Marguerite* Bisé.
Delmas (veuve), née *Marguerite* Porte-Faix.
Hytier (veuve), née *Julie-Antoinette* Rochez.
Bourdillat (veuve), née *Marguerite* Boudry.
Clément (veuve), née *Anne-Françoise* Casnot.
Valette (veuve), née *Anne-Elisabeth* Canié.
Aubry (veuve), née *Louise* Guyoni.
Arthus (*Matham*).

Bessonaud (*Léonard*) et sa femme *Marguerite* Guavelot.
Brasseux (*Joseph*).
Dupont (*François-René*), et sa femme *Marie-Agathe* Petit.
Forient (*Marie-Benoite*, dame).
Jeansenne (*Pierre-Louis*).
Monpensier (*Joseph-François*).
Pinard (*Jacques*) et sa femme *Marie-Rose* Raydelet *dite* Pichon.
Sénelle (*Louis*) et sa femme *Marie-Louise-Françoise* Baudet.
Berthélemy (*Joseph*) et sa femme *Catherine* Déglis.
Pétermann (*Nicolas*).
Picard (*Salomon*) et sa femme *Flore* Abraham.
Rouzée (*Jacques*) et sa femme *Marie-Félicité* Dandelau.
Roulin (*Pierre*) et sa femme *Anne-Françoise* Blanc.
Vollée (*Louis*).
Cazot (*Jean-Charles*).
Deroche (*Hubert*) et sa femme *Jeanne* Monnier.

BLESSÉS DE IIIe CLASSE.

Corbin (*François-Pierre*).
Bruant (*Alexandre-Charles*).
Jasseret (*Eutrope*).
Lejeune (*Dieudonné-Joseph-Julien*).
Bouquerelle (*Pierre-Nicolas*).
Chenet (*Jean*).
Morin (*Louis-Joseph*).
Ciatone (*Antoine*).
Pétreau (*Nicolas-Victor*).
Labbé (*Jean-François*).
Compère (*Philippe-Joseph*).
Porquier (*Georges-Albat*).
Baillet (*Philibert-Guillaume*).
Leclerc (*Matthieu*).
Chapeau (*Joseph*).
Boivin (*Jean-Baptiste*).
Lavialle (*Jean-Auguste*).
Tourcaty (*Jacques-Eugène*).

Talour-Guy (*Barthélemy-Toussaint*).
Simon (*Jean-Antoine*).
Henri-Coul (*Pierre*).
Botte (*Jean*).
Warin (*Charles-Nicolas*).
Landry (*François-Victor*).
Couvrechel (*Jean-Louis-Adolphe*).
Simon (*Marguerite*).
Mayer (*Abraham-Salomon*).

BLESSÉS DE IVe CLASSE.

Grenier (*Lucien-Gibert*).
Leroy (*Désiré*).
Marguerie (*Virginie*).
Focard (*François*).
Juguénoux (*Jean-Baptiste-Léonard*).
Candellier (*Louis-Jean*).
Perrodin (*Louis*).
Kelsch (*Jean-Michel*).
Caselli (*Ange-Jean-Marie-Prosper*).
Dutour (*Maximilien*).
Raout (*François-Pierre*).
Hervieux (*Nicolas*).
Sexe (*Aimé-Alexandre-Joseph*).
Faudois (*Nicolas-Pierre-François*).

BLESSÉS DE Ve CLASSE.

Prouteau (*Claude-Michel*).
Chevallier (veuve), née *Marie* Cochard.

BLESSÉS DE VIe CLASSE.

Vavasseur (*Victor-Constant*).
Citerne-Norbet (*Henri-Joseph*).
Marsil (*Pierre-Joseph-Simon*).
Moucheur-Oudart *dit* Charles.
Pichot (*Jean-Louis-Désiré*).

CAS EXCEPTIONNELS.

ASCENDANS.

Picard (*Salomon*) et sa femme *Flore* Abraham.
Noël (veuve), née *Anne-Pierrette* Duché.

VIIe ARRONDISSEMENT.

VEUVES.

Hallais, née *Marie-Rosalie-Françoise* Taconnet.

Guepratte, née *Aglaé-Delphine-Marceline* Degombert.
Laurent, née *Élisabeth-Esther* Derepas.
Jouvenel, née *Marie-Catherine-Rosalie* Eloy.

Burtaire, née *Eulalie* Fristol.

Crussaire, née *Marie–Élisabeth* Gottis.

Rigot, née *Marie–Geneviève–Joséphine* Laisière.

Leroux, née *Marie–Madeleine* Lefèvre.

Morand, née *Eugénie* Morillon.

Raynal, née *Marie–Louise* Passenaud.

Marotte, née *Suzanne–Antoinette* Tricot.

Vieville, née *Hyacinthe–Adélaïde* Vieville.

Beaussonnier, née *Françoise–Joséphine* Aspour.

Durour, née *Marie–Anne–Sophie* Pizeau.

Moise, née *Sophie* Moise.

Carty, née *Marie–Catherine* Cochegrue.

Lenormand, née *Louise–Victoire–Caroline* Chomette.

ORPHELINS.

Laurent (*Jean–Alfred*).

Laurent (*Esther–Eugénie*).

Laurent (*Lucile*).

Laurent (*Zoé–Félicité*).

Emmanuel (*Jules–Anselme*).

Emmanuel (*Wolf*).

Emmanuel (*Joseph*).

Hallais (*Adolphe–Louis*).

Beaussonnier (*Claude*).

Beaussonnier (*Pierre–Anatole*).

Guepratte (*Adolphe–Joseph*).

Guepratte (*Louis–Auguste*).

Guepratte (*Delphine–Marguerite*).

Guepratte (*Édouard*).

Marotte (*Auguste–Désiré*).

Marotte (*Marguerite–Françoise*).

Crussaire (*Marie–Eulalie*).

Gagnat (*Adèle–Éléonore*).

Burtaire (*Victoire–Sara*).

Raynal (*Jeanne–Antoinette*).

Leroux (*Jean–Étienne*).

Lepetit (*Louise–Rosalie*).

Hinet (*Honorine–Virginie*).

Viray (*Adélaïde–Albertine*).

ASCENDANS.

Chevallier (*François–Jean*).

Lavenue (*Isaac*).

Vendeuvre (*Louis*).

Boissel (*Jean–Pierre–Nicolas*).

Legoux (*Louis–Guillaume*).

Rousseau (*Jean–Paul–Honoré*).

Vauflair (*Simon*).

Maillard (*Jacques–Denis*).

Marre (*Toussaint–François*).

Paquet (*François*).

Voisin (veuve), née *Marie* Heudier.

Pinloche (veuve), née *Marie* Mourot.

Desnoyer (veuve), née *Victoire–Joséphine* Petelot.

Chenette (veuve), née *Marguerite–Adélaïde* Bichemin.

Pezet (veuve), née *Marie–Geneviève* Deshayes.

D'Heurles (veuve), née *Jeanne* Frison.

Passedoué (veuve), née *Pierrette–Claudine* Pupier.

Lepetit (veuve), née *Louise–Rosalie* Bériot.

Occident (*Denis*) et sa femme *Marianne–Angélique* D'Hallu.

Plataret (*Jean–Pierre*) et sa femme *Suzanne* Silbleyras.

Sauce (*Joseph*) et sa femme *Marie–Barbe* Barthélemy.

Schmit (*Hubert*) et sa femme *Marie* Fostrich.

Audé (*Jacques–Pierre*) et sa femme *Marie–Marguerite* Legis.

Glasse (*Antoine*) et sa femme *Angélique* Elvinger.

Jannette (*Louis*) et sa femme *Anne–Marie* Magnin.

Lachant (*Pierre*) et sa femme *Marie–Françoise–Joséphine* Ravier.

Trouvé (*Charles–Antoine*) et sa femme *Marie–Marguerite–Médardine* Delaporte.

BLESSÉS DE IIIe CLASSE.

Debaye (*Louis*).

Dubocq (*Louis*).

Dufour (*Martin–Gervais*).

Hureau (*Julien–Charles*).

Jeanne (*Eugène–Charles–Prosper*).

Joly (*Charles*).

D'Eugine (veuve), née *Marguerite–Ursule* Morlet.

Saint-Romain (*Jean–Pierre*).

Sarrat (*Jean–Pierre*).

Tarrade (*Antoine*).

Vingtrinier (*Félix*).

Cordier (*Pierre–Bertrand*).

Tixier (*Étienne*).

Sauvage (*Charles–Nicolas*).

Cusat (*Claude*).

Rouillon (*Jean-Pierre-Joseph*).
Doublet (*Joseph-Victor*).

BLESSÉS DE IVᵉ CLASSE.

Quinot (veuve), née *Adélaïde-Rose* Dupont.
Jouffroy (*Charles-Aimé*).
Agnès (*Marie-Rose*).
Lepreux (*Jean*).
Bicheroux (*Pierre-Denis-Nicolas*).
Chaudière (*Pierre*).
Chavois (*Jean-Pierre*).
Jeanniau (*André*).
Laurent (*Alphonse-Désiré*).
Martinaud (*Léonard*).
Mazet (*Jean*).
Michel (*François*).
Quillier (*Jean-Baptiste*).
Truffier (*Joseph*).
Haeberlès (*Jean*).

BLESSÉS DE Vᵉ CLASSE.

Blondé (*Louis*).

Tavernier (*Claude-Joseph*).
Giffard (*Constant-Ildegonde*).
Jouillet (*Pierre-François*).
Roy (*Augustin-Victor*).
Dumas (*Léonard*).
Dellort (*Antoine*).

BLESSÉS DE VIᵉ CLASSE.

Hinet (*Louis-François*).
Trouvé (*Charles-Antoine-Théodore*).
Leporcher (*Claude-Philippe-Alexandre*).
Moreau (*André-Joseph*).
Videcocq (*Antoine-Nicolas-Joseph*).

CAS EXCEPTIONNELS

VEUVES.

Vandenberck, née *Marie-Joseph* Denis.

ASCENDANS.

Lemarchand (veuve), née *Françoise* Legras.

VIIIᵉ ARRONDISSEMENT.

VEUVES.

Rousselot, née *Anne* Noviot.
Rousselle, née *Marie-Félicité-Rosalie* Bourbelaine.
Peuvret, née *Anne-Liberté* Verdier.
Passenaud, née *Marie-Jeanne* Ralite.
Martin, née *Anne-Françoise-Félicité* Adry.
Marquet, née *Marie-Adélaïde* Denis.
Lidière, née *Marie-Antoinette-Pierrette* Prugnaud.
Leroy, née *Marie-Élisabeth* Durmar.
Leblond, née *Anne-Louise* Lenain.
Geneste, née *Agnès-Marie-Sophie* Maurie.
Dumont, née *Louise-Françoise* Pilardeau.
Dumet, née *Marie-Élisabeth* Boussard.
Dimanche, née *Marie-Thérèse-Briant* Petit.
Delamotte, née *Jeanne-Élisabeth* Duclos.
Cortilloux, née *Marie-Marguerite* Guyot.
Cavée, née *Louise-Françoise* Perichard.
Canlet, née *Marie-Louise* Deruct.
Bourdillat, née *Marie-Anne* Bedut.
Bordeaux, née *Marie-Jeanne* Lemastre.

Barquand, née *Marie-Louise-Elisabeth* Guetteville.
Barbier, née *Agathe* Boutrou.
Denand, née *Caroline* Bonneville.
Jocquet, née *Jeanne-Geneviève* Joussey.
Legrain, née *Claudine* Jeannot.
Rousselet, née *Marie-Pierrette* Chaulin.
Paris, née *Marie-Hyacinthe* Marignier.
Ramelet, née *Adélaïde-Marguerite* Vérin.

ORPHELINS.

Marquet (*Louis-Marie-Léon*).
Marquet (*Jean-Joseph-Eugène*).
Marquet (*Joseph-Achille*).
Delamotte (*Jean-Marie*).
Delamotte (*Antoine-Jean*).
Delamotte (*Sophie-Madelaine*).
Barquand (*Joseph-Eymart*).
Barquand (*Rose-Eugénie*).
Barquand (*Louise-Caroline*).
Cavée (*Alexandre-Félix*).
Lidière (*Pierre-Auguste*).
Lidière (*Pierre*).

Lidière (*Denis-Prudent*).
Pâris (*Auguste-Joseph*).
Pâris (*François-Charles*).
Drouard (*Marie-Françoise-Justine*).
Rousselet (*Charles-Henri*).
Rousselet (*Victoire-Louise*).
Passenaud (*François-Marie*).
Passenaud (*Julie-Antoinette*).
Geneste (*Pierre-Louis*).
Geneste (*Marie-Adèle*).
Geneste (*Agnès-Joséphine*).
Geneste (*Casimir-Auguste*).
Legrain (*Anne-Henriette*).
Legrain (*Clotilde-Louise*).
Dumet (*Marie-Mélanie*).
Dumet (*Victoire-Célestine*).
Martin (*Eugénie-Elisabeth*).
Martin (*Charles-Joseph*).
Mion (*Pierre*).
Mion (*Madelaine*).
Rousselle (*Louis-Félix-Alexandre*).
Rousselle (*Marie-Joséphine-Clémence*).
Leblond (*Marie-Louise*).
Dumont (*Camille-Jeanne*).
Denant (*Alexandre-Charles*).

ASCENDANS.

Cortilleux (*Pierre-Michel*).
Garouste (*Augustin*).
Benoist (*Jean-Charles-François*) et sa femme
Marie-Elisabeth Dutilloy.
Boutreux (*Gilles*) et sa femme *Marie-Barbe*
Persil.
Caroujat (*Claude-Etienne-Amand*) et sa
femme *Marie-Joséphine* Quincarlet.
Cattin (*Dominique*) et sa femme *Barbe*
Gueth.
Dimanche (*Claude*) et sa femme *Françoise*
Picard.
Gobry (*Jean-Louis*) et sa femme *Sophie-Victorine* Josse.
Passenaud (*Jean-François*) et sa femme
Jeanne Passenaud.
Royer (*Jean-Etienne-Victor*) et sa femme
Marie-Nicolle-Joséphine Jarry.
Richer (*Jean*) et sa femme *Anne-Scolastique*
Alzy.
Pargant (*Jean-François*) et sa femme *Madelaine-Rosalie* Rémy.
Callenge (*Joseph-Augustin*) et sa femme
Rose-Françoise Viret.

Poujaulat (veuve), née *Anne* Deaura.
Nancy (veuve), née *Marie-Marguerite* Coquerelle.
Martin (veuve), née *Marie-Victoire* Marguerit.
Mahot (veuve), née *Amant-Marie-Thérèse*
Duru.
Lotens (veuve), née *Thérèse-Brune* Lejagher.
Leroy (veuve), née *Marie-Catherine* Bouchère.
Jaquet (veuve), née *Jeanne-Claude* Moussard.
Dumet (veuve), née *Marie-Anne-Adélaïde*
Pieron.
Charité (veuve), née *Marguerite-Françoise-Rosalie* Curet.
Chapus (veuve), née *Marie-Geneviève* Harbinet.
Cavée (veuve), née *Julie* Gallet.
Canlet (veuve), née *Geneviève-Julienne* Zinder.
Bordeaux (veuve), née *Marie-Victoire-Sophie*
Courtois.
Doupagne (dame), née *Marie-Rosalie* Gombard.

BLESSÉS DE IIIᵉ CLASSE.

Alexis (*Henri-Marie*).
Borgnet (*Alexandre-Augustin*).
Bornand (*Rose*).
Bulcourt (*Sophie-Philippine-Joséphine*).
Caudrillier (*Auguste-Ange-Marie*).
Cochot (*François-Prudent*).
Colarde (*Charles*).
Duchâteau (*Jean-Louis-Marie*).
Féart (*Jean-Baptiste*).
Froger (*Ours-Jacques*).
Gallais (*Ambroise-Auguste-Godefroy*).
Gavot (*Cyprien*).
Gillet (*François-Joseph*).
Gaudry-Duvernet (*Louise-Catherine-Victoire-Maria*).
Masson (*Jean-Nicolas*).
Richer (femme), née *Anne-Scolastique* Alzy.
Schaffe (*Joseph*).
Séneca (*Achille-Henri*).
Séguin (*Claude-Julien*).
Vezy (*Pierre*).

BLESSÉS DE IVᵉ CLASSE.

Desjardins (*Rosalie-Adèle*), femme Grout.

14

Villain (*Jean*).
Berens (*Louis-Philippe*).
Bourgogne (*Jean-Baptiste*).
Dhuot (*Nicolas*).
Huguenin (*Edouard-François*).
Julien (*Fortuné*).
Meunier (*Louis-Joseph*).
Mourette (*Pierre-Denis*).
Ramousse (*Augustine-Joséphine*).

BLESSÉS DE Vᵉ CLASSE.

Rollin (*Jean-Baptiste*).

BLESSÉS DE VIᵉ CLASSE.

Velliger (*Jean-Pierre*).
Drouard (*Jean-Baptiste*).
Caravet (*Jacques-Toussaint*).
Burkel (*Jean*).
Dobanton (*Jean-Jacquet-Martin*).
Frétigny (*Cyr-Auguste*).
Pavelack (*Michel*).
Thenadey (*André*).

CAS EXCEPTIONNELS.

VEUVES.

Ster, née *Marie-Anne* Jung.

IXᵉ ARRONDISSEMENT.

VEUVES.

Hubert, née *Suzanne-Jeanne-Jacqueline* Rousée.
Diard, née *Marie-Catherine-Honorine* Pinchon.
Bergeret, née *Modeste-Françoise* Patin.
Jobet, née *Françoise* Merlin.
Pottier, née *Françoise-Augustine* Mercier.
Pronier, née *Vedasline-Victoire* Lefebvre.
Morlot, née *Marie* Lefort.
Schmitt, née *Jeanne-Nicolle-Augustine* Hubert.
Wilhelm, née *Thérèse-Marguerite* Guillaume.
Sauce, née *Marie-Anne* Giroux.
Hérault, née *Françoise-Julie* Blot.
Pinot, née *Marie* Barret.
Sal, née *Marie-Marthe* Cabarin.
Dauphin, née *Geneviève* Palpherenier.
Dumergue, née *Marie-Madeleine* Monnier.
Jehenne, née *Louise-Madeleine* Guérin.
Fouré, née *Rosalie* Paynaud.

ORPHELINS.

Hérault (*Jean-Michel-Louis*).
François *dit* Badès (*Jean*).
Porcher (*Urbain-Eugène*).
Porcher (*Elisa-Euphrasie*).
Jobet (*Julie-Françoise*).
Jobet (*François-Gervais*).
Bergeret (*Patin-Modeste-Françoise*).
Bergeret (*Pierre-Joseph*).
Rémy (*Etienne-Laurent*).

Rémy (*Marie-Antoinette*).
Rochet (*Jean-Baptiste-Michel*).
Rochet (*Marie-Eulalie*).
Jobet (*Marie-Françoise-Anne*).
Pottier (*Pierre-Gabriel*).
Pottier (*Marguerite-Augustine*).
Bisson (*Charles-Wilfrid*).
Hubert (*Octavie-Clémentine*).
Hubert (*Caroline-Pauline*).
Raillard (*Véronique-Marie-Anne*).
Schneider (*Madeleine-Françoise*).
Schneider (*Marie-Joséphine*).
Schneider (*Suzanne-Marguerite*).
Maintens (*Marie-Alphonsine-Joséphine*).
Gallois (*Éléonore-Geneviève*).
Labarbe (*Caroline-Mélanie*).
Fouré (*Cécile-Rosalie*).
Delaune (*Jean-Baptiste*).

ASCENDANS.

Guemeau (veuve), née *Jeanne* Brasil.
Danjon (veuve), née *Marie-Françoise* Eudeline.
Delamotte (veuve), née *Marie-Madeleine* Bocquet.
Nord (veuve), née *Marie-Françoise* Desforges.
Pottier (veuve), née *Marie-Jeanne* Gonnet.
Bonat (veuve), née *Marie* Virvoudet.
Murgier (veuve), née *Marie-Jeanne-Pierrette* Bruant.
Pinot (veuve), née *Marguerite* Louis.

Jouault (veuve), née Chalmin.
Clément (veuve), née *Marie-Élisabeth* Mutelet.
Vilers (veuve), née *Anne* Bouvier.
Cléry (veuve), née *Élisabeth-Athalie* Busnel.
Morin (veuve), née *Marie-Madeleine* Lebreton.
Labarbe (veuve), née *Angélique-Flore* Bréant.
Jacquier (veuve), née *Thérèse* Perrioud-Perdreaud.
Brout (*Charles*).
Gautier (*Pierre-Nicolas*).
Renaud (*Pierre-Marie*).
Thomas (*Clair*).
Lemonnier (*Pierre-François*).
Coullie (*Pierre*).
Dumergue (*Étienne*).
Gaudin (*Charles*).
Damas (*Pierre-Joseph*) et sa femme *Marie-Françoise* Bruier.
Durand (*Denis*) et sa femme *Gabrielle* Lecourt.
Rousselet (*Jean-Baptiste-Nicolas*) et sa femme *Marie-Françoise-Rosalie* Mélique.
Hérisson (*François*) et sa femme *Marie-Jeanne* Leroy.
Thory (*Jacques*) et sa femme *Joséphine* de Ponty.

BLESSÉS DE IIIe CLASSE.

Ramel (*François*).
Carelly (*Marie*).
Duez (*Louis-Joseph*).
Cabillet (*François-Henri*).
Cremier (*Martial*).
Lavergne (*Jean*).
Soucherat (*François-Hippolyte*).
Perrin (*Dominique*).
Mazard (*Robert*).
Pagnous (*Joseph*).
Lebois (*Joseph*).
Laporte (*Jean-Marie*).
Lafontaine (*Hippolyte-François*).
Fleurant (*Thérèse-Anne*).

Dony (*Eugène-François*).
Dionis (*Jean-Louis-Emmanuel*).
Desnoyers (*Henri*).
Castagne (*Joseph-Saint-Edme*).
Artreux (*Pierre-Jean-Baptiste-Auguste*).

BLESSÉS DE IVe CLASSE.

Ruelle (*Antoine*).
Moreau (*Louis*).
Moigneau (*Baptiste*).
Galard (*François-Valentin*).
Martin (*Marie-Geneviève*).
Remy (*Dominique*).

BLESSÉS DE Ve CLASSE.

Togno (*Laurent*).
Lassagne (*Louis*).

BLESSÉS DE VIe CLASSE.

Delachappelle (*Gomny-François*).
Gougibus (*Jean-Baptiste*).
Gauthier (*François-René*).
Brivois (*Nicolas*).
Brehmer (*Charles*).
Delaune (*Philippe*).

BLESSÉS DE VIIe CLASSE.

Fay (*Jean*).
Petit (*François*).

BLESSÉS DE VIIIe CLASSE.

Bisson (*Michel*).
Rigault (*Henri-Adolphe*).

CAS EXCEPTIONNELS.

VEUF.

Marie (*Ambroise*).

VEUVES.

Musset, née *Marie-Anne-Joséphine* Truffot.
Bouteillier, née *Suzanne-Agathe-Geneviève* Dupuis.
Fleury, née *Florence-Angélique* Houssard.
Degony (*Marie-Claude*).
Mayer (*Marie-Ursule*).

X° ARRONDISSEMENT.

VEUVES.

Martin, née *Félicité-Olympe* Fausset.
Megevant, née *Marie-Rose* Cantais.
Middendorp, née *Félicité-Françoise* Lacour.
Mortier, née *Angélique-Joséphine* Flamencourt.
Noé, née *Victoire-Félicité* Joly.
Pasquet, née *Élise-Augustine* Canié.
Petheaux, née *Jeanne-Geneviève* Dutertre.
Revêche, née *Rose* Butot.
Rossignol, née *Anne-Julie* Barthélemy.
Sachet, née *Marie-Jeanne* Camus.
Saunier, née *Marie-Jeanne* Baudet.
Vial, née *Jeanne-Catherine-Charlotte-Élisabeth* Martin.
Bareau, née *Madelaine-Victorine* Scherbaune.
Beguin, née *Jeanne-Joséphine* Mourrée.
Bertin, née *Victoire* Lecureur.
Briant, née *Marie-Henriette-Joséphine* Deschamps.
Crampon, née *Marie-Catherine-Geneviève* Ducastel.
Degoutte, née *Marie-Louise-Marguerite* Léger.
Élouin, née *Julienne-Pierrette-Marianne* Joyet.
Fournier, née *Rosalie* Lepage.
Gillet, née *Marie* Gillet.
Hérembert, née *Louise-Œillet-Rose* Barbet.
Jaudier, née *Marie-Louise-Antoinette* Dantonie.
Lombard, née *Marie-Jeanne-Félicité* Mayeux.
Leroy, née *Marie* Loiraud.
Autier, née *Marie-Catherine* Bercher.

ORPHELINS.

Saunier (*Louis-Antoine*).
Loiraud (*Jean*).
Loiraud (*Marie*).
Loiraud (*Marie*).
Revêche (*Guillaume-Claude*).
Revêche (*Antoine-Élie*).
Bertin (*Louis-Paul*).
Noé (*Pierre-Eugène*).

Crampon (*Charles-Auguste*).
Crampon (*Pierre-Jean-Louis*).
Degoutte (*Eugène-Alphonse*).
Vial (*Célestine-Alfred*).
Vial (*Louise-Catherine-Stéphanie*).
Rossignol (*Georges-Amédée*).
Rossignol (*Suzanne-Victoire*).
Rossignol (*Anne-Cypris-Chérie*).
Rossignol (*Zélia*).
Barau (*Louis-Marie*).
Barau (*Victoire-Eugénie*).
Lombard (*Flore-Pauline*).
Lombard (*Marie-Joséphine-Élisa*).
Lombard (*Louise*).
Élouin (*Anne-Félicité*).
Petheaux (*Agathe*).
Beguin (*Alexandrine-Joséphine*).
Beguin (*Julie-Pauline*).
Mortier (*Louise-Angélique*).
Hérembert (*Louise-Anastasie*).

ASCENDANS.

Lombard (veuve), née *Marie-Jeanne* Voualet.
Béguin (veuve), née *Marie-Rosalie* Leyet.
Guttin (veuve), née *Marie-Rose-Joséphine* Jacobelly.
Pellicier (veuve), née *Marie-Anne* Monnier.
Briant (veuve), née *Françoise-Perrette* Baron.
Morlot (veuve), née *Françoise* Peltier.
Delacour (veuve), née *Marie-Anne-Joséphine* Derbecourt.
Renard (veuve), née *Marie-Françoise* Blanchard.
Berieux (veuve), née *Marguerite-Louise-Angélique* Monge.
Ducroquet (veuve), née *Marie-Louise-Félicité* Legay.
Petit (veuve), née *Marie-Louise* Mignot.
Saché (veuve), née *Jeanne-Louise* Coniam.
Beurier (veuve), née *Anne-Françoise* Villemin de Loods.
Serrot (veuve), née *Marie-Madeleine* Ancel.
David (veuve), née *Marie-Clotilde* Leroux.
Borde (veuve), née *Agathe* Dechaume.
Dejean-Vorle-Verdin (veuve), née *Nicole-Ursule* Protte.

Bousquet (veuve), née *Marie-Marguerite* Navet.
Fremeau (veuve), née *Lise-Madeleine* Mallard.
Gautier (*Pierre*).
Degoutte (*Pierre-Michel*).
Baudet (*Gabriel-René*).
Monsarrat (*Jean-Louis-Laurent*).
Guignet-Émot (*Jeanne-Françoise*).
Vial (*Antoine-Thomas*) et sa femme *Anne-Marie* Fournilhon.
Ledoux (*Jean*) et sa femme *Marie-Madeleine* Louvet.
Mesnil (*Augustin*) et sa femme *Julie-Marie-Françoise* Langlois de Valmesnil.
Suisse (*Jean-Baptiste*) et sa femme *Marie-Antoinette* Roussi.
Mallabre (*Louis-Marie*) et sa femme *Madeleine* Louvet.
Ader (*Jean-Joseph*) et sa femme *Jeanne* Delissade.
Fondary (*Antoine*) et sa femme *Marie* Barrière.

BLESSÉS DE IIIe CLASSE.

Devillier (*Jean-Jacques*).
Angoulevant (*Louis-Léonard*).
Bellairc (*Hubert*).
Bonhomme (*Ambroise-Pompée*).
Énaux (*Jean-Baptiste-Aristide*).
Dagnelie (*Thomas-Joseph*).
Dupont (*Auguste-Jean-Baptiste*).
Fardouin (*Auguste*).
Frohlich (*Henri*).
Jouvey (*François-Hélène*).
Levatton (*Luc-Marie*).
Lelièvre (*François-Maurice*).
Pauvret (*Louis-François*).
Noiseux (*Charles-Alphonse*).
Pax (*Marie-Catherine-Geneviève-Bertiguière*).
Pommeret (*Pierre-Modeste*).
Raach (*Rosalie*).
Schœnberger (*François-Pierre*).

Villecocq (*Thomas-François*).
Bauez (*Jean-Martin*).
Guilbert (*Jean-Alexandre*).
Chiotin (*Marie-Joseph-Grillet*).
Phelouzat (*Jean-Jacques*).
Duval (*Joseph-Sulpice*).
Guillaumet (*Eugène-François*).

BLESSÉS DE IVe CLASSE.

Roulin (*François-Dominique*).
Levasseur (*André-Nicolas*).
Dupuis (*Jean-Louis-Gabriel*).
Foursin (*Louis-Auguste-Victor*).
Tessier (*Charles-Hippolyte*).

BLESSÉS DE Ve CLASSE.

Quevrin (*Marie-Philoxène*).
Vessière (*Jean-Jacques*).
Levauffre (*Louis-Barthélemy*).

BLESSÉS DE VIe CLASSE.

Chatrerre (*Pierre-Léonard*).
Desprez (*Louis-Auguste*).
Évrard (*Philippe-Adolphe-Sylvain*).
Harpin (*Jean-Baptiste*).
Naulon (*Étienne-Hippolyte*).
Tellier (*Annette-Catherine-Barbe*).

CAS EXCEPTIONNELS.

VEUVES.

Uscant, née *Anne-Félicité* Breton.
Brigand, née *Jeanne-Geneviève* Larochelle.

ORPHELINS.

Bertin (*Louise-Adrienne-Eléonore*).
Bousquet (*Élisa-Angélique*).
Uscant (les enfans).
Brigand (*Louise-Désirée-Virginie*).
Bertin (*Ambroise-Auguste-Charles*).

ASCENDANS.

Goguet (veuve), née *Rose-Anne* Vredier.

XIe ARRONDISSEMENT.

VEUVES.

Reneviers, née *Geneviève-Catherine* Troué.
Bertrand, née *Anne-Thérèse* Watthery.

Deblond, née *Marie-Geneviève-Denise* Coigner.
Fechoz, née *Marie-Laurence* Trusson.
Guis, née *Marie-Félicienne* Caffin.

Larchevêque, née *Jeanne* Mariette.
Mondon, née *Rose-Pierrette* Desmoulins.
Morisot, née *Françoise-Gabrielle* Tascherat.
Peresse, née *Jeanne-Marguerite* Maillot.

ORPHELINS.

Mondon (*Louis-François*).
Mondon (*Philippe-François*).
Morisot (*Charles-Christophe-Pierre*).
Morisot (*Alphonse-Victor*).
Morisot (*Sophie*).

ASCENDANS.

Simonnot (*Nicolas-Leu*).
Prud'homme (*Benoist-Étienne*).
Reneviers (veuve), née *Marguerite* Darmoise.
Quizy (veuve), née *Françoise* Simard.
Mondon (veuve), née *Louise* Gueudret.
Coudray (veuve), née *Julienne* Camus.
Houdouin (veuve), née *Charlotte-Henriette-Geneviève* Lenoir.
Salmon (veuve), née *Walbruge* Coster.
Laurin (*Rose-Emilie*).
Duvin (*Paul-Joseph*) et sa femme *Anne* Daiedome.
Führer (*Jean-Daniel*) et sa femme *Anne* Assinger.
Trebutien (*Charles-André*) et sa femme *Marie-Catherine* Guillemette.

BLESSÉS DE IIIᵉ CLASSE.

Ferrié (*Jean*).
Moutardier (*Pierre-Paul*).
Bader (*Xavier*).
Lenoir (*François*).
Pommerat (*Georges*).
Brisset (*Jean-François*).

Romagnésy (*Charles-Michel-Victor*).
Girardin (*Prudent*).
Longin (demoiselle) *Françoise*.
Baux (*Pierre*).
Richard (*Pierre-Nicolas*).
Denis (*François*).
Viau (*François*).
Rouyère (*Etienne-Henri*).
Gliamas (*Raphaël-Léopold*).

BLESSÉS DE IVᵉ CLASSE.

Niogret (*Jean-Marie-Augustin*).
Cardin (*Jacques-Hippolyte*).
Moinet (*Louis-François*).

BLESSÉS DE Vᵉ CLASSE.

Roux (*Paul*).
Pruvost (*Nicolas-Augustin*).

BLESSÉS DE VIᵉ CLASSE.

Petit-Peret (*Pierre-Charles*).

BLESSÉS DE VIIᵉ CLASSE.

Lespinasse (*Germain-Guillaume*).

CAS EXCEPTIONNELS.

VEUVES.

Coupé, née *Amandine-Josèphe* Franclin.
Chenon, née *Marie* Mathey.

ORPHELINS.

Greffe (*Victoire-Joséphine*).
Coupé (les enfans).
Chenon (les enfans).

BLESSÉS.

David (*Louise-Julienne-Pauline*).

XIIᵉ ARRONDISSEMENT.

VEUVES.

Bel, née *Anne* Croissette.
Beaudouin, née *Marie-Françoise* Rival.
Barbette, née *Claudine* Perrault.
Cabart, née *Marie* Boisgegrain.
Chevalier, née *Marguerite* Griveau.

Cordnan, née *Joséphine-Appoline-Constance* Gravet.
Forgeron, née *Antoinette-Julienne* Helye.
Grière, née *Claudine-Adélaïde* Ponteau.
Helle, née *Joséphine-Bernardine* Porlier.
Herbé, née *Anne-Jeanne-Adélaïde* Gentil.
Libert, née *Marie-Catherine* Marteau.

Lethin, née *Marie-Antoinette* Debeauve.
Leypoldt, née *Adélaïde-Françoise* Dormoy.
Legrié, née *Élisabeth* Belhomme.
Laugier, née *Jeanne* Lamotte.
Ménard, née *Marianne* Heurtaud.
L'Huguet, née *Marguerite-Alexandrine* Loroy.
Marion, née *Denise-Françoise* Totain.
Picot, née *Jeanne-Louise* Huard.
Pineau, née *Claudine* Jacquont.
Didier, née *Louise-Françoise* Ducosté.
Veiller, née *Anne* Tirbiche.
Muhelon, née *Jeanne* Gambelon.

ORPHELINS.

Bouvenot (*Étienne-Paul*).
Forgeron (*Catherine-Denise*).
Forgeron (*Jean-Antoine*).
Gruet (*Jean-Baptiste-Auguste*).
Gruet (*Marie-Éléonore-Séverine*).
Lethin (*Marie-Lise-Constance*).
Lethin (*Laurence-Désirée-Anne*).
Audri (*Célestine-Augustine-Joséphine*).
Audri (*Marie-Adrienne*).
Audri (*Marie-Françoise-Joséphine*).
Veiller (*Marie*).
Veiller (*Nicolas*).
Marion (*Marguerite-Denise*).
Marion (*Antoine-Adolphe*).
Marion (*Virginie-Louise*).
Leypoldt (*Guillaume-Victor*).
Leypoldt (*Charles*).
Grière (*Marie-Anne*).
Grière (*Louis-Antoine*).
Grière (*Nicolas-Jean*).
Grière (*François-Henri*).
Grière (*Marie-Hélène*).
Herbé (*Louis-Valentin-Jean*).
L'Huguet (*Jean-François*).
L'Huguet (*Charlotte-Virginie*).
Boucot (*Simon*).
Boucot (*Marie-Jeanne-Joséphine*).
Boucot (*Marie-Françoise*).
Pineau (*Auguste-Claude*).
Lebelle (*Louis-Ferdinand-Valentin*).
Lebelle (*Charles-Dominique*).
Didier (*Hippolyte*).
Didier (*Eugénie-Victoire*).
Didier (*Clémence-Françoise*).
Picot (*Marie-Anne-Eugénie*).
Bel (*Catherine-Alexandrine*).

Corbel (*Marie-Virginie-Appoline-Elisa*).
Guet (*Hippolyte-Auguste*).

ASCENDANS.

Cédelle (*Antoine*) et sa femme *Marguerite-Françoise* Miffloté.
Desrondeaux (*André-Jacques*) et sa femme *Jeanne-Françoise* Vincent.
Bourdy (*Martial*) et sa femme *Marianne* Bernier.
Dutet (*Denis-Nicolas*) et sa femme *Marie-Madeleine* Couvert.
Froment (*Jean-Baptiste*) et sa femme *Marie-Françoise-Antoinette* Lenfant.
Grière (*Louis-Antoine*) et sa femme *Marie-Jeanne* Meunier.
Scroupsal (*Jacques-François*) et sa femme *Victoire-Charlotte* Goron.
Vignon (*Pierre-François*) et sa femme *Anne* Villard.
Giroux (veuve), née *Marie-Catherine* Léger.
Deherbé (veuve), née *Marianne* Bêche.
Lethin (veuve), née *Elisabeth* Couturier.
Lacroix − Marotte (veuve), née *qqarie* Chevrel.
Legrain (veuve), née *Marianne* Martin.
Marion (veuve), née *Marguerite* Génin.
Varenne (veuve), née *Marie* Coulangras.
Hérochamp (veuve), née *Françoise-Séraphine* Robert.
Falet (veuve), née *Marie* Borel.
Audry (veuve), née *Anne-Marie* Loiseau.
Corbelle (veuve de), née *Marie-Françoise* Vérolle.
Marchal (veuve), née *Adélaïde* Rousanton.
Turiot (veuve), née *Marie-Madeleine* Desmont.
Maubert (*Noël*).

BLESSÉS DE IIIᵉ CLASSE.

Chataigné (*François-Sylvestre*).
Bardou (*Louis-Charles*).
Bricourt (*Henri-Joseph*).
Deboulogne (*Jean-Claude*).
Darcourt (*Joseph*).
Goujon (*Pierre-Joseph-Eugène*).
Henri (*Louis-Laurent*).
Humblot (*Barbe*), femme *Gauthier.*
Juhel (*Thomas-Jean*).
Lucas (*Jean-Joseph*).
Legras (*Edme-François*).
Lecesne (*Paul-Joseph*).

Millet (*Louise-Françoise*).
Marion (*Jean-Louis*).
Moritz (*Philippe*).
Pérignon (*Etienne-Porphyre-Eugène*).
Lecomte (*Antoine-Marie*).

BLESSÉS DE IVᵉ CLASSE.

Cheval (*Timothée-Louis-Benoist*).
Cautin (*Charles-Jean*).
Vincent (*Pierre*).

BLESSÉS DE Vᵉ CLASSE.

Guillier (*Edme-Vérin*).
Eloy (*Jacques-François*).
Bontems (*Madeleine-Elisabeth*).
Bourgaux (*Jean-Baptiste*).

BLESSÉS DE VIᵉ CLASSE.

Kramel (*Auguste*).

Lugné (*Gaspard*).
Lafabry (*François-Philibert*).
Picard (*Pierre-Médard*).
Paris (*Théodore-Marie-Augustin*).
Burtaire (*Nicolas*).
Bardon (*Jean-Baptiste*).
Godin (*Jean*).
Gaudron (*François*).
Gervais (*Henri-Narcisse*).
Gruet (*Adon-Thomas-Jean-Baptiste*).
Hauchecorne (*Louis-Alexandre*).
Jobert (*Antoine*).

BLESSÉS DE VIIIᵉ CLASSE.

Guedret (*Antoine*).

CAS EXCEPTIONNELS.

ORPHELINS.

Maupin (*Clémentine*).

XIIIᵉ ARRONDISSEMENT (SAINT-DENIS).

VEUVES.

Munier, née *Geneviève-Reine* Courtois.
Ancelin, née *Marie-Catherine-Augustine* Evrard.
Bourgoin, née *Agathe-Alexandrine* Pique.
Durand, née *Jeanne-Thérèse* Porchel.
Farnet, née *Juliste* Gelin.
Guttin, née *Marie-Louise* Lambert.
Hervieux, née *Victoire-Florentine* Vaniez.
Kesselmeyer, née *Marie-Marguerite* Lefebvre.
Lambert, née *Anne* Adancourt.
Laplace, née *Marguerite-Victoire* Renaud.
Leroy, née *Marguerite-Pauline* Turba.
Vieux, née *Suzanne* Delle.
Lièvre, née *Marianne-Félicité* Faburel.

ORPHELINS.

Vieux (*Charles-Augustin*).
Vieux (*Jean-Baptiste*).
Vieux (*Joseph-Alphonse*).
Vieux (*Victoire-Mathurine*).
Kesselmeyer (*Charles-Michel*).
Kesselmeyer (*Pierrette-Elisabeth*).
Kesselmeyer (*Joséphine-Elisabeth*).
Bourgoin (*François*).
Bourgoin (*François-Désiré*).
Leroy (*Pierre-Sylvain*).

Leroy (*Marguerite-Pauline*).
Farnet (*Geneviève-Madeleine*).
Farnet (*Héloïse*).
Hervieux (*François-Auguste*).
Couturier (*Charles-François-Edouard*).
Couturier (*Joseph-Adolphe*).
Durand (*Aimé-Gabriel*).
Durand (*Stéphanie-Hélène*).
Martin (*Louis-Désiré*).
Bisson (*Flore-Julienne*).
Bisson (*Eloïse-Jeanne*).

ASCENDANS.

Batault (veuve), née *Anne* Boussard.
Papet (veuve), née *Philiberte* Lachaise.
Bourgoin (veuve), née *Anne-Marie-Françoise* Corniquet.
Maison (veuve), née *Marie-Augustine* Hainsselin.
Morin (veuve), née *Françoise-Madeleine* Gautier.
Hervieux (*Abraham-Michel*).
Dauteuil (*Charles*) et sa femme *Marie-Geneviève* Gournay.
Camus (*Claude-Charles*) et sa femme *Marie-Marguerite* Julien.
Mariage (*Marie-Vivant-François-Joseph*) et sa femme *Rose* Labory.

BLESSÉS DE IIIᵉ CLASSE.

Carsamiglia (*François*).
Clause (*Jean-Baptiste*).
Cotard (*Hugues-Pierre*).
Dely (*François*).
Einselin (*Frédéric*).
Latour,
Lefebvre (*Nicolas*).
Leisibach (*Melchior*).
Lepesteur (*Etienne*).
Margra (*Joseph*).
Pauchon (*François-Alexandre*).
Poinquier (*Jacques-Athanase*).
Lefèvre (*Jean-Louis*).

BLESSÉS DE IVᵉ CLASSE.

Dorlotte (*Alexandrine*).
Lagache (*Joseph-François*).

BLESSÉS DE Vᵉ CLASSE.

Gravey (*Thomas-Bernardin*).
Tacherat (*François-Claude*).
Tassin (*Sophie*).

BLESSÉS DE VIᵉ CLASSE.

Bisson (*Louis-Jean*).

CAS EXCEPTIONNELS.

VEUVES.

Lebouteillier, née *Marie-Madeleine* Guillemin.

ORPHELINS.

Lebouteillier (*Marie-Adélaïde*).
Lebouteillier (*Denis-Ferdinand*).
Lebouteillier (*Charles-Eugène*).
Lebouteillier (*Anastasie-Marie*).
Lebouteillier (*Natalie-Elisa*).

XIVᵉ ARRONDISSEMENT (SCEAUX).

VEUVES.

Delpierre, née *Marie-Denise* Prévost.
Guillemeau, née *Victoire-Périne* Chevreuil.
Vasselin, née *Marianne-Françoise* Cattiau.
Thiessé, née *Marie-Catherine* D'Huy.
Simon, née *Hippolyte-Emilie-Etiennette* Boisseau.
Paymier, née *Angélique-Françoise* Piéton.
Boucot, née *Jeanne-Antoinette* Monscavoir.
Pelletier, née *Marie-Euphrasie* Aucher.
Teigneux, née *Victorine-Françoise* Grondard.
Conseran, née *Louise-Catherine-Camille* Nanin.
Delacour, née *Marianne-Angélique* Langlois.

ORPHELINS.

Vasselin (*Etienne-Jacques-Simon*).
Vasselin (*Marie-Anne-Céleste*).
Vasselin (*Aimée-Adélaïde-Julie*).
Vasselin (*Aimable-Marie-Aimée-Virginie*).
Vasselin (*Céleste-Julie-Hélène*).
Pelletier (*Victoire-Jeannette*).
Pelletier (*Louis-Etienne*).
Teigneux (*Jean-François*).
Teigneux (*Rosalie-Clarice*).

Boucot (*Jean-Baptiste-Louis*).
Delacour (*Jules-César-Joseph*).
Delacour (*François-Louis*).
Cabouret (*Louis-Hippolyte-Eugène*).
Cabouret (*Marie-Sophie-Constance*).
Cabouret (*Françoise-Julie-Mélanie*).
Cabouret (*Julie-Caroline-Joséphine*).
Paymier (*Jean-François*).
Pigagnol (*Ferdinand-Adolphe*).
Pigagnol (*Marie-Catherine*).
Pigagnol (*Françoise*).
Conseran (*Louise-Aimée*).
Maison (*Arthus-Adolphe*).

ASCENDANS.

Teigneux (*François-Robert*).
Daubert (*François-Joseph*).
Josse (*Jean-Pierre*).
Morel (veuve), née *Marie-Jeanne-Adélaïde* Chavois.
Marigny (veuve), née *Marie-Michel* Fouchy.
Birman (veuve), née *Toussaint* Nicolle.
Veiss (veuve), née *Catherine-Viergen* Killiam.
Simon (veuve), née *Marie-Jeanne* Rodien.
Causseran (*Louis-Ange-Félix*) et sa femme *Gabrielle-Julie* Baubigny.

BLESSÉS DE IIIᵉ CLASSE.

Chottin (*Jean-Nicolas*).
Siés (*François*).
Norwack (*Joseph*).
Potin, née *Marguerite-Françoise* Mondoux.
Thiery (*Joseph*).
Crepin (*Antoine-Romain*).
Philippon (*François*).

BLESSÉS DE Vᵉ CLASSE.

Alis (*Jean-Pierre*).
Fillioux (*Jean-Baptiste*).
Mauger (*Louis-François*).
Miguel (*Jean*).

BLESSÉS DE VIIᵉ CLASSE.

Pigagnol (*Clément*).

CAS EXCEPTIONNELS.

VEUVES.

Levaire, née *Marie-Adélaïde* Philippe.
Gache, née *Françoise-Euphémie* Frélon.

ASCENDANS.

Legouay (veuve), née *Marie* Jobert-Ledreux.
Moulard (*Marie-Anne-Félicité*).

NANTES.

Lefèvre (veuve), née *Marie-Anne* Pottin.

LISTE NOMINATIVE DES PERSONNES

AU NOM DESQUELLES IL A ÉTÉ DÉPOSÉ DIVERSES SOMMES A LA CAISSE DE LA PRÉFECTURE DU DÉPARTEMENT DE LA SEINE POUR Y ÊTRE RÉCLAMÉES PAR QUI DE DROIT, AVANT LE 1er JANVIER 1834, TERME DE LA DÉCHÉANCE.

Ier ARRONDISSEMENT.

VEUVES.

Caurière, née Berger.

CAS EXCEPTIONNELS.

Jollis (*Marie-Joséphine*), veuve Grimond.
Lafontaine (veuve) *Catherine*.
Wolmer Spett (femme), née *Marguerite-Caroline* Spette.

BLESSÉS DE Ire CLASSE.

Gayer.
Moriset.
Rabuteau.
Rondonnet.
Riel.
Testa.

CAS EXCEPTIONNELS.

ORPHELINS.

Labrut (*Louise-Marie*).
Labrut (*Louis-Adolphe*).

IIe ARRONDISSEMENT.

ASCENDANS.

Turlure (veuve), née Blondeau.
Lavigne (*Jean*) et son épouse.
Sanlot (*Jean-Pierre*) et son épouse.
Simonneau (veuve), née Laure.

BLESSÉS DE Ire CLASSE.

Boyer.
Brien.
Charbonnier.
Delamare (veuve).
Dupart.

Favry.
Pepin.
Richard.
Royer.
Tournu.
Vanaker.
Dré.
Beaufils.

BLESSÉS DE IIe CLASSE.

IIe CATÉGORIE.

Delacquit.
Alaignon.
Magnin.
Solbach.
Thiébault (demoiselle).

IIIe ARRONDISSEMENT.

ASCENDANS.

Savinas (veuve), née *Catherine* Roman.
Raillard (*Antoine*), époux.
Crozel (*Jeanne-Marie*).

VEUVES.

Monel (*Catherine*), veuve Isambart.

BLESSÉS DE Ire CLASSE.

Basset.
Bouffay (*Louis*).
Lamarre (*Jacques*).
Verdet.

BLESSÉS DE IIe CLASSE.

IIe CATÉGORIE.

Audiger (*Jean*).

Leraux (*Jean*).
Robin (*Charles*).

CAS EXCEPTIONNELS.

Cotte (*François*).
Worms.

ORPHELINS.

Darmas (*François-Marie*).
Enfant Fouillet.
Kohler (*Louis-Henri*).
Kohler (*Joseph*).
Bois (*Marie*).

ASCENDANS.

Vieille-Marchiset (*Claude-François*).
Houley (*Amant-Constant*).
Lesouchu (*Joseph-Marie*), époux.
Subée (*Françoise*), demoiselle.
Lourmet (*Jean*), époux.

IVᵉ ARRONDISSEMENT.

ASCENDANS.

Rigolet (*Reine*), veuve Lepas.
Pléchot (*Pierre*), époux.
Vaneau (*Susanne-Pierre-Laurent*).

VEUVES.

Schlinker (*Barbe*).

BLESSÉS DE Iʳᵉ CLASSE.

Dalbergne (*Jean-Gabriel*).
Desorgerie (*Marie-Hubert*).
Genot (*Étienne*).
Grosser (*Antoine*).
Monin (*Étienne*).
Poucelet (*Louis*).
Santy (*Toussaint-Nicolas*).
Nepveu (*Jean-Républicain*).

BLESSÉS DE IIᵉ CLASSE.

Iʳᵉ ET IIᵉ CATÉGORIES.

Lebrun (*Louis-Jean*).
Luquet (*Armand-Julien*).

Vᵉ ARRONDISSEMENT.
NÉANT.

VIᵉ ARRONDISSEMENT.

ASCENDANS.

Versepuy (*Antoinette*), veuve Pignol.

BLESSÉS DE IIIᵉ CLASSE.

Simon (*Marguerite*).

VIIᵉ ARRONDISSEMENT.

ASCENDANS.

Chevalier (*François-Jean*).
Mourot (*Marie*), veuve Painloche.
Plataret (*Jean-Pierre*).

ORPHELINS.

Rigot (*Marguerite-Rosalie-Germine*).

BLESSÉS DE Iʳᵉ CLASSE.

Feval (*Adolphe*).
Fixari.
Flobert (*Joseph*).
Gaudin (*François*).
Beaudon (*Clément-Toussaint*).
Longchamps.

BLESSÉS DE IIᵉ CLASSE.

Iʳᵉ ET IIᵉ CATÉGORIES.

Hitzberger (*Jean-Charles*).
Homann (*Frédéric*).

CAS EXCEPTIONNELS.

Doublet (*Victor-Joseph*).
Hureau (*Julien-Charles*).

VIIIᵉ ARRONDISSEMENT.
NÉANT.

IXᵉ ARRONDISSEMENT.
ORPHELINS.

Mentens (*Marie-Joseph-Alphonse*).

CAS EXCEPTIONNELS.

VEUF ET VEUVES.

Degouy (*Marie-Claude*).
Mayer (*Marie-Ursule*).
Marie (*Ambroise*).

BLESSÉS DE Iʳᵉ CLASSE.

Alis.
Barassat (*François*).
Bertrand (*Nicolas*).
Blanchefort.
Carron (*Henri-Joseph*).
Cauzier (*Nicolas*).
Cinger (*Edme*).
Sive (*Cahendy*).
Sive (*François*).
Colas (*Pierre-François*).
Collot (*François*).
Desplinter (*Louis*).
Devillaz (*Benoist*).
Dubier (*Louis*).
Dumont (*Louis*).
Filian (*Jean-Baptiste*).
Fleury (*Auguste*).
Fontaine (*Nicolas*).
Freuzet.
Gandonnière (*Jean*).
Germain (*Jean*).
Gérard (*Jacques*).
Giroux (*Auguste*).
Grenier (*Lucien-Gilbert*).
Gruat (*Pierre-Joseph-Victor*).
Henry (*Claude-Alexandre*).
Hordé (*Marie-Anne-Victoire*).
Huet (*François-Xavier*).
Humbert (*Auguste-Noël*).
Jacquart.
Leblaye (*Joseph-Marie*).
Legendre (*François*).
Legras (*Louis-Henri*).
Leloi.
Leroy (*Jacques-Julien*).
Lincourt (*Félix*).
Lucas (*Michel*).
Magnac (*Louis-Marie-Pierre*).
Mallet (*François*).
Marquet (*Joseph*).
Michel (*Alexandre*).
Porcher (*Victor*).
Rigal (*Jean-Baptiste*).
Sauvageot (*Jean-Baptiste*).
Serres (*Pierre*).
Thomas (*Adolphe*).
Buhlefeld (*Jean-Arnaux*).
Croué (*Jean*).

BLESSÉS DE IIᵉ CLASSE.

IIᵉ CATÉGORIE.

Hudry (*Anselme*).

CAS EXCEPTIONNELS.

Dubus (*Marie-Anne-Clotilde*).
Mégeraud.
Monceaux.
Ravier (*Françoise*).
Marie (*Ambroise*).

Xᵉ ARRONDISSEMENT.

ORPHELINS.

Beguin (*Alexandrine-Joséphine*).
Beguin (*Julie-Pauline*),
Mortier (*Louise-Angélique*).
Heremberg (*Louise-Anastasie*).
Lombart (*Flore-Pauline*).

BLESSÉS DE Iʳᵉ CLASSE.

Lacour.
Parent.
Dienis.
Radu.

BLESSÉS DE IIᵉ CLASSE.

IIᵉ CATÉGORIE.

Collet.

XIᵉ ARRONDISSEMENT.

ASCENDANS.

Darmoise (*Marguerite*).
Firhrer.

VEUVES.

Maillot, née Péresse.

BLESSES DE IIIᵉ CLASSE.

Rouyère (*Etienne*).

BLESSÉS DE VIᵉ CLASSE.

Petit père (*Pierre-Charles*).

CAS EXCEPTIONNELS.

Roquel (demoiselle).
Cuinat (demoiselle).

BLESSÉS DE Iʳᵉ CLASSE.

Audras.
Babon.
Bain.
Barbay.
Benaris.
Bertrand (*Prosper*).
Boivoileau.
Bonnard.
Bourderon.
Braquehay.
Brunot.
Canguilhem.
Carbonnier.
Cardion.
Cassan.
Cazeau.
Chignard.
Chotin.
Clérembault.
Damery.
Delaitre.
Faure.
Fayal.
Fontan.
Frémont.
Gérard.
Goastalla.
Guyot-Lagrange.
Granger (veuve).
Granger (*Louis*).
Gruatz.
Havrez.
Offmann.
Lambert.
Lasnier.
Lafon.
Lafon.
Lauvel.
Leblanc.
Lelièvre.
Lépine.
Leriche.
Lorquet.
Manger.
Menessier.
Maréchal.
Nadaillac.
Noël.
Paquet.
Panfart.

Pelart.
Postel.
Ricaud.
Roubaux.
Sainval.
Scellier.
Saint-Remi.
Taillon.
Taverne.
Viccharelly.
Grossedurocher.
Richeux.

XIIᵉ ARRONDISSEMENT.

ASCENDANS.

Borel (*Marie*), veuve *François* Fallet.
Coulangras (*Marie*), veuve Varenne.
Vérolle (*Marie-Françoise*), veuve Corbel.

VEUVES.

Tirbiche (*Anne*), veuve Veiller.
Gambelon (*Jeanne*), veuve Michelon.

BLESSÉS DE IVᵉ CLASSE.

Cheval (*Timothée-Louis*).

XIIIᵉ ARRONDISSEMENT (Sᵗ-DENIS).

ASCENDANS.

Broussard (*Anne*), veuve Buttaud.

VEUVES.

Faburel (*Marie-Félicité*), veuve Lièvre.

BLESSÉS DE Iʳᵉ CLASSE.

Tessier (*Jean-Auguste*).
Lavallée (*Sébastien*).

XIVᵉ ARRONDISSEMENT (SCEAUX).

BLESSÉS DE Iʳᵉ CLASSE.

Dulet (*Jean-François*).
Dumaulet.
Delamare.
Saint-Denis.
Boudin.
Tampiccy.

Fechaux.
Merimée.
David.
Villecocq (*Alexandre*).
Trouvé (*Charles-Antoine*).
Desfemmes (*Sylvain*).
Chomérgue (*Jean*).
Abeil.
Colin.
Cornet.
Barrouin.
Truelle.

Godard (*Jean*).
Gauthier (*Jean*).

BLESSÉS DE IIᵉ CLASSE.

Iʳᵉ ET IIᵉ CATÉGORIES.

André (*Jacques*):
Lucquet.

CAS EXCEPTIONNELS.

Soiés (*François*).

LISTE NOMINATIVE DES PERSONNES

AU NOM DESQUELLES IL A ÉTÉ DÉPOSÉ DES INSCRIPTIONS DE RENTES A LA CAISSE DE LA PRÉFECTURE DU DÉPARTEMENT DE LA SEINE POUR Y ÊTRE RÉCLAMÉES PAR QUI DE DROIT, AVANT LE Ier JANVIER 1834, TERME DE LA DÉCHÉANCE.

Ier ARRONDISSEMENT.

Caurière, née Berger.
Gallois (*Pierre-Martin*).
Jollis (*Marie-Joséphine*), veuve Grimond.

IIe ARRONDISSEMENT.

Turlure (veuve), née Blondeau.
Lavigne (*Jean*).
Sanlot (*Jean-Pierre*).
Simonneau (veuve), née Laure.

IIIe ARRONDISSEMENT.

Monet (*Catherine*), veuve Isambart.
Savinas, née *Catherine* Roman.
Raillard (*Antoine*).
Crozel (*Jeanne-Marie*).
Boibien (*Blaise*).
Schumettayer, née *Marie-Anne* Thecles-Handiverck.
Cotte (*François*).
Bois (*Marie*).
Vieille-Marchiset (*Claude-François*).
Houley (*Amant-Constant*).
Lesouchu (*Joseph-Marie-Jean*).
Subée (*Françoise*).
Lourmet (*Jean*).

IVe ARRONDISSEMENT.

Schlinker, née *Barbe* Bésange.
Waroquy, née *Marie-Catherine* Receveur.
Gherebaert (*Julie-Françoise*), veuve Joly.
Rigolet (*Reine*), veuve Lepas.
Pléchot (*Pierre*).
Vaneau (*Suzanne-Pierre-Laurent*).

VIe ARRONDISSEMENT.

Versepuy (*Antoinette*), veuve Pignol.
Gaffet (*Jean-Pierre*).
Simon (*Marguerite*).

VIIe ARRONDISSEMENT.

Plataret (*Jean-Pierre*).
Mourot (*Marie*), veuve Pinloche.

Chevalier (*François-Jean*).
Sauvage (*Charles-Nicolas*).
Rigot (*Marguerite-Rosalie*).
Denis (*Marie-Joséphine*), veuve Vandenberck.
Legras (*Françoise*), veuve Lemarchand.

IXe ARRONDISSEMENT.

Mentens (*Marie-Alphonsine-Josèphe*).
Brasil (*Jeanne*), veuve Gremeau.
Cremier (*Martial*).

Xe ARRONDISSEMENT.

Béguin (*Alexandrine-Joséphine*).
Béguin (*Julie-Pauline*).
Mortier (*Louise-Angélique*).
Héremberg (*Louise-Anastasie*).
Ader (*Jean-Joseph*).
Mousarrat (*Jean-Louis-Laurent*).
Monge (*Marguerite*), veuve Bérieux.
Devillers (*Jean-Jacques*).
Verdier (*Rose-Anne*), veuve Goguet.

XIe ARRONDISSEMENT.

Maillot (veuve), née *Jeanne-Marguerite* Péresse.
Sirhrer (*Jean-Daniel*).
Rouyère (*Etienne-Henri*).

XIIe ARRONDISSEMENT.

Gambelon (veuve), née Michelon.
Borel (*Marie*), veuve *Françoise* Falet.
Coulangras (*Marie*), veuve Varenne.
Vérolle (*Marie-Françoise*), veuve Corbel.

XIIIe ARRONDISSEMENT (SAINT-DENIS).

Lelièvre, née *Marie-Félicité* Faburel.
Broussard, veuve *Anne* Buttaud.

XIVe ARRONDISSEMENT (SCEAUX).

Nicolle, veuve Roussaint Rinmans.
Daubert (*François-Joseph*).

NANTES.

Lefèvre (*Anne*), veuve Pottin.

www.ingramcontent.com/pod-product-compliance
Lightning Source LLC
Chambersburg PA
CBHW052038270326
41931CB00012B/2547

*9 7 8 2 0 1 2 5 3 2 0 4 5 *